TEMAS EN PSICOLOGÍA PROFUNDA

Por: Iván Samaniego

ÍNDICE

Capítulo I: Psicoanálisis, cine y literatura

Capítulo II: Psicoanálisis, cultura y sociedad

Capítulo II: Psicoanàlisis en la pràctica clìnica.

INTRODUCCIÓN

Temas en psicología profunda es un intento por dilucidar desde un enfoque psicoanalítico una diversidad de temas los cuales por lo general son abordados desde otras perspectivas.

En este texto pretendemos analizar distintas fenómenos, mediante la aplicación de principios y conceptos psicoanalíticos, en un intento por comprender dichos fenómenos desde una perspectiva distinta, más allá del sentido común, y con la intención de llevar al lector a reflexionar sobre temas vinculados al cine, la literatura y fenómenos sociales como la delincuencia, la violencia y el espectáculo.

Este espacio nos permite realizar una lectura de dichos fenómenos desde la óptica psicoanalítica, lo cual permite extrapolar los principios psicoanalíticos más allá de su práctica como disciplina psicoterapéutica.

Cabe destacar que nuestro conocimiento en el psicoanálisis es el resultado de años de estudio y recopilación tanto de textos como de artículos de diversos autores, incluyendo las obras completas de Sigmund Freud, así como los escritos y seminarios de Jacques Lacan.

Si de hecho nuestra formación en psicoterapia es de tipo integrativo, precisamente esta formación también exige de un conocimiento de las teorías psicodinàmicas que no sólo se limitan al psicoanálisis tradicional.

Cabe recalcar que los aportes teóricos del psicoanalista Jacques Lacan serán los más considerados en el desarrollo del libro.

Si es cierto que el conocimiento científico requiere de un aporte del método empírico no podemos dejar de lado la deducción como herramienta fundamental en el análisis científico de fenómenos sociales, por ello nuestro esfuerzo se fundamenta en desarrollar una conceptualización científica que aporte claridad en la comprensión de distintas temáticas partiendo de principios aportados por las teorías psicodinàmicas.

Se inicia la lectura con un recorrido de la película de Mel Gibson cuyo éxito de cine y las diversas aristas que generó nos indujo a realizar un análisis del fenómeno histórico de la pasión y los contenidos violentos que aporta el film.

Por ende el fenómeno histórico de la pasión y su incursión significativa en el mundo del espectáculo abordado desde una perspectiva psicológica es una forma distinta de comprender lo religioso y su relación con la violencia.

Por otra parte del arte literario de Sade se desprende toda una gama de conceptos vinculados a la perversión y su relación con el lenguaje como dimensión que hace posible la perversión no solo como fenómeno clínico, sino como el producto de una sociedad perversa. En ese sentido se puede decir que lo perverso se constituye en una forma de lenguaje que se transforma en acción, y que la acción no es posible sino mediante el ámbito de lo simbólico en donde se construye la maldad.

Por otra parte en este texto se abordan los problemas del amor desde una perspectiva psicoanalìtica mediante un anàlisis de la novela Maridos de la conocida autora Àngeles Mastretta.

También analizamos el problema de la delincuencia cuyo aporte psicoanalítico a sido menor en relación ha otros temas.

Este es una problemática actual sobre todo en los países de América Latina, fenómeno cuyo incremento en los últimos años ha generado distintas interpretaciones desde distintos modelos.

Las teorías conductistas siguen siendo los modelos principales de interpretación de tal fenómeno, pero cuyo alcance se ve limitado por la simplicidad del paradigma

Por otro lado la transferencia un concepto central en la teoría psicoanalítica es abordado desde una perspectiva sociocultural, es decir no limitada al espacio de la clínica, sino como fenómeno que se produce bajo una serie de principios que rigen su dinámica y aparición.

Por ello es posible identificar la transferencia en el simple hechizo del brujo en una cultura primitiva, como en aquellos que en la actualidad se dedican a adivinar el futuro y ofrecer la felicidad como una mercancía.

En ese sentido asistimos a una cultura donde los rituales ofrecidos por los esotéricos pretenden suplir la falta constituida por la esencia de lo humano, es una forma paralela a la receta médica basada en la farmacología para curar al sujeto de sus angustias o sintomatología psicopatológica.

Es un intento por recetar antídotos que se presten a alcanzar aquello que nombramos como felicidad.

 Por otra parte se intentarà establecer una serie de explicaciones en torno a la relaciòn de la religiòn, los mitos y el inconsciente para comprender el impacto que el cristianismo ha producido y produce sobre las masas.

Dentro de los temas de carácter clínico no podíamos dejar de presentar el análisis de uno de los temas centrales en la teoría de Freud refiriéndonos al análisis de los sueños, un tema enigmático y a la vez central en la obra freudiana y que da cuenta de aquello que llamamos inconsciente.

Desde mi punto de vista el sueño es aquello que testimonia lo inconsciente, pues nadie controla sus sueños ni decide que va a soñar, es la puesta en escena de que existe algo autónomo, algo incontrolable en el propio sujeto, pero que por su constitución como estructura de lenguaje, no se remite a un sin sentido, sino que encuentra en el aparente sin sentido una forma de manifestación, que busca un equilibrio en el propio sujeto.

Por ùltimo, se aborda el tema de la pràctica clìnica en niños(as) desde perspectivas psicoanalìticas como propuesta terapèutica frente a otros modelos como el conductual.

CAPITULO I
PSICOANÁLISIS, CINE Y LITERATURA

"La pasión" según Mel Gibson Violencia y espectáculo"

Reflexiones psicoanalíticas sobre el fenómeno de la pasión y su incursión en el mundo del espectáculo.

Hace un tiempo escuché a un teólogo decir que existe una diferencia entre verdades históricas y verdades religiosas. Y si de ello podemos hablar, toda verdad histórica es una construcción lingüística, que pertenece a una determinada lengua y que por traducción es vulnerable de transformaciones, que serán determinadas por la subjetividad del autor o del traductor. Si de hecho se han realizado algunas interpretaciones sobre el fenómeno de la película de Mel Gibson La Pasión, estas han sido fundamentadas, desde una vertiente teológica, histórica y atea, y todas estas interpretaciones varían, pues la percepción de un teólogo o de un historiador no son equivalentes. Sin embargo, a mí me toca dilucidar esa parte, a lo que me comprometo hacer con todo el respeto, pero también con toda la rigurosidad del caso. Una interpretación que pretende hilvanar, desde una perspectiva psicológica, el fenómeno sociocultural de La Pasión, y su inclusión significativa en el mundo del espectáculo.

El Mesías: Historia e Imaginario

Empecemos, pues, por un poco de historia. Si de hecho podemos constatar algo en los textos bíblicos y de otro orden histórico, es que el pueblo Judío siempre o casi siempre fue un pueblo sometido, oprimido. Ya sea por los, egipcios, babilónicos, romanos, etc. (v). Y esto se circunscribe a lo que en filosofía y en psicoanálisis se da a llamar la relación amo-esclavo. Partimos de una condición que en lo real se destaca, la condición de esclavo del pueblo judío. Pero es también en esta condición real, que aflora lo que sería compensatorio, como mecanismo narcisista, para mantener de alguna manera una homeostasis psíquica.

Porque solo en la condición de esclavos y no de amos, se podría hilvanar en lo imaginario, en la fantasía, un héroe que hiciera las veces de Mesías (v2), que significa en hebreo: ungido. Solo a través de esta fantasía se pudo construir partiendo de la necesidad o de la demanda la figura mesiánica. La figura mesiánica vendría a articularse muy bien en el orden de lo simbólico, y ser transportada generacionalmente. Esta figura vacía, así tendría una función determinante en la existencia del pueblo judío. Ya sea desde, Moisés, Isaac, David todos estos líderes cumplirían la función, condicionada por una situación histórica, en la cual ellos se identificarían en el orden de lo simbólico, para actuar de acuerdo a las expectativas de un pueblo oprimido.

Su función es llenar ese lugar vació de lo simbólico, construido en esta constelación familiar, como bien se diría, encanarlo. Pero la relación especial que se establece es el vínculo de estos líderes con Dios, lo cual les garantiza un poder legitimo y divino. Si de hecho el Tótem tiene un poder, y esto lo analizamos en los escritos freudianos, es que el tótem se ubica en un lugar que el inconsciente le ha dado. El inconsciente traduce en un acto, lo imposible de decir, por ejemplo en un acto fallido, o en un síntoma neurótico. Pero está claro que profundizar en la forma más primitiva de religión, y cómo ésta se transportó o se transformó en lo que hoy es el monoteísmo, seria extender nuestra meta.

Específicamente, lo que tratamos aquí es de establecer la función del Mesías, y su relación con una realidad, un pueblo esclavizado.

Ahora, sin tratar de banalizar términos me permito extrapolar el término narcisismo acuñado por Freud, de lo individual a lo colectivo. Si es posible hablar de narcisismo colectivo, es en lo referente a una identidad nacional, al valor estimativo que uno tiene por pertenecer a un determinado grupo, algo así como lo que Lacan llama, el rasgo unario, para Norberto Rabinovich consiste en una nominación que permite unificar en un solo conjuntos elementos distintos (1). Así, ser judío es un rasgo unario, que permite hacer una identificación integradora a cada uno de los individuos que constituyen dicho pueblo. De allí que el amor a su patria, la identidad nacional, sean elementos fundamentales en la construcción del ciudadano común y corriente que se aliena a esta identificación. El narcisismo colectivo es determinante para comprender el fenómeno de los nacionalismos fascistas y sus consecuencias xenofóbicas, así como la segregación y el colonialismo.

Entonces bajo esta concepción podríamos concebir una herida narcisista del pueblo judío, producida por esa realidad, el ser esclavos, sometidos, colonizados.

Pero si analizamos el rol que en sus momentos históricos ocuparon lo diferentes líderes del pueblo, nos daremos cuenta de que su función también era la de contener y concentrar las cargas agresivas, contra el enemigo que vendría a ser todo aquel pueblo que no creyera en el Dios único, en este caso el que enunciaban, Yahvé. Esto haría esto al pueblo judío un pueblo ungido, elegido, diferenciado de los demás.

El Golpe Narcisista y la dialéctica del cristianismo

Específicamente el que encarnara el papel de Mesías, tendría un trabajo de redención y liberación no de perdón al enemigo. Si nos ubicamos en el espacio y el tiempo, una de las situaciones que pudo llevar a los sacerdotes del templo, y parte del pueblo judío a la violencia contra Jesús fue la forma en que él se presenta y el contenido de sus mensajes. Y, precisamente, lo planteamos porque Jesús representó una especie de Golpe Narcisista, todas las expectativas del pueblo judío, hilvanadas en el orden de lo simbólico, a través de las generaciones, producían un choque, un corto circuito, por el mensaje transmutado de Jesús, que se resumía en "ama a tu prójimo como a ti mismo y a tus enemigos"(v3). Este mensaje transmutado produce una ruptura, un corte, pues ¿cómo es posible amar a quienes por siglos nos han sometido?

Observaremos también esta transmutación del mensaje del Antiguo Testamento que plantea al Yahvé superyóico castigador, donde el mensaje predominante es la ley del taleón, al Dios del Nuevo Testamento con un mensaje pacificador, de amor, pero a condición de un sacrificio, el sacrificio del Hijo del Padre. Es decir, hasta ese momento, el sacrificio es lo irreductible. Si efectivamente Jesús propala un mensaje de paz, la forma violenta del sacrificio es la contradicción. Recordemos que esto estaba predeterminado, era un sacrificio previsto por el Padre, de allí lo paradójico del cristianismo: el mensaje de paz, y por el otro lado el sacrificio por medios violentos, cuya función, de cualquier modo, era la expiación de la culpa colectiva. Es decir, el superyo castigador sigue actuando. (En este aspecto no profundizamos en los aspectos familiares, la relación con la madre, etc.)

Este giro de 360 grados, transmuta la misión mesiánica de liberar a un pueblo específico a la de liberar al mundo. Pero, partiendo de lo paradójico que se repite luego en acontecimientos históricos: Carlo Magno y las Cruzadas, posteriormente la iglesia del Medioevo, la Inquisición y la quema de los herejes, la evangelización de América a través de los países colonialistas por medios violentos. Pues se trataba de llevar un mensaje de paz escriturado, pero por medios que contradecían el mensaje.

Para Alfredo Eidelsztein, psicoanalista argentino, la historia en el pensamiento freudiano tiene un sentido peculiar, y señala que para Freud la historia no es una flecha del tiempo, una evolución constante, sino permanentes bucles, en donde se producen represiones y retorno de lo reprimido. Él agrega, citando a Lacan que *El inconsciente de cada uno son las ruinas del saber mítico del origen de la humanidad. Y si, por ejemplo, pudiéramos encontrar algún sentido en el holocausto del Fuhrer (Hittler), para Lacan (sicoanalista francés) sería la confirmación del retorno de la vieja práctica de quemar seres humanos en el altar, que volvió como una propiedad del exceso de desarrollo en Occidente (2). Me sobresalta cuando hace unos días leía un artículo publicado hace un par de años (v4), donde el autor hablaba de la vida de Hittler y decía que su rostro en sus discursos, simulaba al de un Cristo con sed de venganza. La pregunta es ¿qué condujo al autor a establecer esta relación?, de algo aparente mente tan aislado, pues aparte de la xenofobia del pueblo alemán, el mayor odio de Hittler se concentró en el pueblo judío, ¿por qué el pueblo Judío?

En resumen no es en vano decir que la historia se repite en espiral, pero ojo, pues no se trata de la simple repetición, sino de que también lo inconsciente, puede reaparecer transmutado.

Esta primera parte del trabajo nos permite desentrañar algunas condiciones históricas que de alguna manera pudieron influir en la consecución del fenómeno conocido como La Pasión.

La lógica del sacrificio frente a la culpabilidad

Remitámonos a los textos Freudianos Tótem y Tabú y Moisés y la religión monoteísta. Encontraremos una serie de argumentos sobre los cuales Freud intenta darle una explicación a los orígenes del hombre y su relación con la religión.

Freud a partir del mito científico del protocrimen (el asesinato del padre de la horda primitiva), fenómeno conocido como parricidio, establece las raíces de la culpabilidad y la exaltación del padre.

Relaciona el origen de la ilusión religiosa con el parricidio reconocido bajo unas formas mitológicas, y repetido por sustitución en el banquete totémico.

Freud establece la culpabilidad colectiva a partir de un asesinato o protocrimen.

Pero para nosotros no es esencial trabajar con la idea de un primer crimen (lo cual recae en un mito más), sino remarcar que lo primordial en cualquier religión paralelo a la idea trascendental, es la culpabilidad.

Y este elemento es esencial sobre todo cuando trabajamos en el análisis de la religión judeocristiana.

La lógica del sacrificio apunta al problema de la culpabilidad.

Pero la culpabilidad es constitutiva, el ser humano es un ser culposo, lo que lo introduce a la cultura es la culpa, a través de las formas más básicas de prohibición en este caso el incesto.

Para Jacques Lacan, la culpa tiene una relación con este deseo. En su seminario la ética del psicoanálisis establece "que si existe algo que conduce a la culpabilidad, y es ceder al deseo." (3)

Por otra Moustafa Sofouan señala que "el deseo es extraño a la moral social y le es infiel, por que el hombre pastor del ser, debe su fidelidad a su carencia" (4)

El deseo no es una estructura que está determinada por el principio del placer, sino que gira en torno a una dialéctica con la ley.

En la ética del psicoanálisis Lacan pregunta: " acaso la ley es la cosa? OH no: sin embargo solo tuve conocimiento por la ley, en efecto no hubiese tenido la idea de codiciarla si la ley no hubiese dicho: tu no la codiciaras, pero la cosa encontrando en mi toda suerte de codicias gracias al mandamiento, pues sin la ley la cosa esta muerta." (5)

Utilicemos la metáfora de la manzana de Adán y Eva citada en el génesis (v5). El pecado original consiste en ceder el deseo, pero en este caso a partir de una prohibición (no comerás la manzana), lo que quiere decir que la satisfacción plena instintiva, queda mediatizada por la palabra.

Así la culpabilidad como efecto del lenguaje es constitutiva pero a la vez onerosa, y es el cuerpo humano donde habita este deseo, que sigue las coordenadas de la pulsión y la ley.

Como lo plantea Groddeck, "Esta clara una cosa: sin duda alguna la prohibición puede reprimir el deseo, desviarlo de su orientación primera, pero no lo destruye. No hace más que buscar otra manera de realizarse , y encuentra millares de manera en todas las actividades de la vida que deseéis imaginar: en el descubrimiento de las chimeneas o de los barcos a vapor, en el manejo del arado o de la Laya escribiendo versos o meditando, en el amor de Dios o la naturaleza, en los crímenes y en los actos de autoridad, en la beneficencia, en la maldad, en la religión y en la blasfemia, manchando el mantel, rompiendo vasos y en el latido del corazón y en la traspiración, en el adulterio y en el voto de castidad" (6). De este modo sea lo que sea, de la forma que se manifieste, es concebible que el deseo no siempre está alineado con la moral social, y es en esta instancia, que su condición es onerosa. Y la religión tiene una función muy elemental en todo esto la de sublimar. De hecho Lacan propone: "lo que del bien es sacrificado por el deseo, y observaran que esto quiere decir lo mismo que lo que el deseo es perdido por el bien, esa libra de carne, es lo que la religión trasforma en su oficio y se dedica a recuperar "(7). De cualquier modo la nominación carne remite al cuerpo, y solo a través de la abstinencia, el sacrificio de otro animal, o la mortificación misma del cuerpo, la culpa puede quedar saldada.

Esta lógica nos permite establecer una relación entre la culpa y el deseo, cuyo punto de encuentro reside en un cuerpo, un organismo viviente.

Este cuerpo sufriente en el ritual sacrificial permite condensar lo impuro y a través de la mortificación, inmolación, realizar una especie de reciclaje.

Lo que representa para la humanidad el madero es precisamente la función simbólica de la expiación, saldar por así decirlo la culpa colectiva.

El sadismo, el otro y la dialéctica del deseo

Hasta estas páginas hemos profundizado en las relaciones intrínsecas de la violencia y la religión. Tomamos como modelo el fenómeno de la pasión por considerarlo trascendental en la historia humana. Hemos lanzado hipótesis tentativas que relacionan tal fenómeno con el narcisismo, la culpabilidad, la mortificación del cuerpo, y el canal del sacrificio como mecanismo expiatorio.
Todos estos temas tienen de fondo las relaciones del hombre con un semejante, relaciones con un "otro" singular o colectivo, otro que es una presencia física y a la vez una instancia psíquica.

En este sentido la relación con el otro a la vez que es determinante, es también limitante. Relaciones contradictorias y ambivalentes. Aceptación de que lo más amado es también odiado por que se depende, porque es diferente y en sus diferencias, cuestiona interroga las propias certezas identificatorias. Como lo señala la psicoanalista Ana N. Berezin "porque el otro obliga a un trabajo de intercambios conflictivos, porque así como satisface frustra. Porque está fuera de control del sujeto y por que, finalmente el otro anuncia permanentemente nuestros límites, lo que es posible y no es posible con él. Y también porque el otro legitima o no, tanto como sujeto así mismo".

Obsérvese, para los que han leído a justine o los infortunios de la virtud, obra del marqués de Sade, que se trata de un recorrido en el tiempo, de ver sufrir a la víctima, y donde el autor establece por un imperativo natural, el triunfo de la maldad sobre el bien. La relación que hace Sade entre sus personajes es inversamente proporcional. Presenta a Justine bajo la óptica de la buena intencionalidad, insistencia que a lo largo del camino se transforma en su propio castigo. Relaciones contradictorias, entre el deseo de Justine y el deseo de sus verdugos. Ubicando en ese lugar (el de los verdugos) a los ricos, a los dirigentes, al sistema de justicia, al clero, etc., es decir instituciones y personas que coinciden a las que aparecen y actúan en un grado u otro, en la pasión de Jesús. Me refiero a las instituciones romanas de justicia, el aparato militar, el templo, y una parte del pueblo judío (v6).

Lo cual sugiere una relación del poder, la ley, y la fuerza, del lado del verdugo, y las victimas del lado opuesto. En esencia el sadismo consiste en ejercer algún poder sobre el otro, que se presenta como amenazador (amenaza imaginaria). Y esto también tiene sentido en la clínica del sadismo sexual, ya que el sádico desplaza en el otro, su propia falla. En el caso de la religiosidad la crueldad está fundamentada, en la relación del sujeto con otro sin rostro, que en este caso hará las veces de un Dios.

Al inicio nos referimos a las relaciones amo-esclavo relaciones que caracterizan los estadios primarios de la humanidad y a la vez relaciones que constituyen una dialéctica. Lacan se refiere a esta dialéctica en estos términos: "en las simples relaciones amo- esclavo queda claro, que el deseo del amo es el deseo del otro, puesto que es el deseo prevenido por el esclavo." (9).

Pero más allá se trata de prevenir el deseo del otro (el esclavo), que siempre se presenta con la representación de un acertijo, es decir un deseo incognito, el otro se presenta como una sombra. Digámoslo de una manera grafica; en la guerra hay que acabar con el enemigo, antes que el acabe con nosotros, y la esclavitud es una forma de someter ese deseo.

Mostafa Safouan establece en la relación diádica, es decir, relación madre-hijo, esta relación de deseo con el otro. Lo que el niño pide "en cada una de sus demandas, más allá de la necesidad que se articuló, es una respuesta que estructure su relación con la presencia – ausencia en la madre, es decir con el deseo de ella". (10)

Para los teóricos de la comunicación, es aun más importante conocer de antemano que de todo el sistema de codificación y decodificación en la relación Madre- hijo se parte de un error, el de la suposición. Que se suponga que el otro sabe (la madre), hará experimentar en el niño el comportamiento de la madre como benevolencia o capricho.

Este momento ya involucra a otro que por condiciones estructurales, por así decirlo, produce una fricción. Determinando por la relación experimentada por el niño como desamparo (ausencia) y amparo (presencia).

A la vez este es el contacto primario del niño con otro, que es a la vez contacto con el lenguaje. Por ello Lacan articula que el otro es más que un sujeto, y en ese sentido para Lacan "el otro, en última instancia, no es un sujeto, sino un ámbito, y en ese ámbito hay un saber, pero esta allí como en la mano cerrada que se presenta con esta pregunta: par o impar" (11). Por esta razón plantea Moustafa Safouan "la operación narcisista es una operación inútil: es inútil que el sujeto se haga objeto cuando ya lo es, realmente y con más precisión objeto de intercambio" (12). Si observamos en los programas de opinión para ser gráficos la comunicación nunca alcanza a saciar a ninguno, más bien se trata de monólogos bien plantados: la información de cada uno apenas alcanza a ser cruzada con el otro, es más bien una operación narcisista de hablar para escucharse y/o ser escuchado, y es en estos detalles de la comunicación donde se localizan las raíces más profundas de la violencia.

Pero en la crueldad y en el sadismo existen elementos relacionados al exceso y al goce, se supone que se goza con el sufrimiento del otro.

Un goce que sitúa al sujeto siempre en relación a otro hacia el cual se desplaza la propia división subjetiva, de la cual se vale. Cabe mencionar lo que el poeta y escritor francés Charles Baudelier señala en relación al hecho de hacer el mal. El pregunta "¿por qué el hombre hace el mal? La respuesta es clara por que sufre. De ahí que el spleen sea causar el mal, porque para escapar de él, el melancólico, el doliente ha de intervenir en la vida del otro, afirmando su superioridad sobre el traspasándole su dolor, viéndole regocijadamente sufrir, o convirtiéndole en mero sujeto de una experimentación que pone en práctica para aventar el tedio, como hace el príncipe de una muerte heroica" (13)

Esta idea de transferir al otro la desgracia, plantea una relación que Lacan aborda como "la economía del goce", Lacan definirá "en la dimensión del goce aquello que es especifico a la pasión del odio tal como ella se realiza en el racismo: el racismo es el odio al goce del Otro. Es esta suposición del goce del otro como privativo de mi propio goce- que ofrece como objeto a la pulsión de muerte, el otro constituido como extranjero, expropiador de mis bienes·" (14).

Algo que gira en torno también al problema de la envidia, como lo afirma Roberto Harari, en el seminario la angustia de Lacan: una introducción: "la envidia no finca, en rigor, en una moción tendiente a arruinar lo que posee el otro. No se envidia a otro sujeto ni al objeto que presuntamente tiene, sino a un acople que se supone ideal entre el otro y aquello lo cual parece gozar" (15)

Lo que se supone es que el otro goza, pero esto sólo queda al campo imaginario, por lo cual, lo que se envidia es nada.

Es interesante observar que en los rituales sacrificiales, se trata de sustituciones, condensaciones y desplazamientos donde la víctima permite una cierta economía de las tendencias agresivas. La relación con el otro siempre supone una dependencia conflictual, es un borde, algo separado pero ha la vez constituido en el inconsciente, como se afirma en el psicoanálisis: el inconsciente es el discurso del otro.

El Goce escópico y la escena cruel (v7)

Prosiguiendo con respecto al contenido sádico de la película La pasión de Mel Gibson, y el enfoque reductivo a la escena cruel. La escena cruel se ha constituido con el poder de la tecnología en un elemento característico de la cinematografía, y si de algo de la subjetividad de Mel Gibson podemos mencionar es su pasión por las películas que tengan cierto contenido violento, místicas y heroicas.

En psicoanálisis, Lacan fue el primero en acuñar el término: la ezquizia del ojo. Lo que plantea una relación entre la mirada y una satisfacción que sólo proviene del lugar del sujeto como simple espectador, este momento es clave, y es determinante decir que el desarrollo de la imagen virtual ha arrastrado de por si esa fascinación del ojo humano frente a la escena erótica y la escena cruel. Si hay algo evidenciado es que la violencia paga, los medios de masas simplemente han caído en el juego circular de la demanda y la oferta. Por ejemplo los periódicos más vendidos en Panamá son los que presentan en primera plana imágenes de destrucción, muertos, mutilados, etc. ¿Ustedes creen que si el crimen no pagara acaso un programa como al Rojo Vivo se sostendría? Lo delicado es que la imagen del crimen se traspasa paulatinamente a imagen virtual, siendo ya no una cuestión real, sino una cuestión de noticia de espectáculo. Cuando una imagen o escena que antes tenía una connotación moral, pasa a ser mercancía pierde el primer efecto, por el segundo.

Pues existe la tendencia de dar un paso al más allá, la tentativa de algo nuevo, por supuesto el deseo siempre y esto se constituye en su centro, se mueve en dirección de lo prohibido, la interdicción, citando a Lacan: "La verdad del deseo es por sí solo una ofensa a la autoridad de la ley, es decir que no se trata de la pura y simple satisfacción natural. Los objetos de los que se trata son objetos precisamente prohibidos (16), y esto lo explicamos en referencia a la metáfora de la manzana."

El goce escópico, termino clínico, indica que la mirada tiene una función pulsiónal, precisando aquí la distinción entre visión que es un registro de imágenes, algo que tiene que ver con fisiología y física, y mirada que remite a la relación del sujeto con la significación de la imagen, es decir que la imagen transmite algo (un mensaje), que por ejemplo se denota en el cuadro de un artista, una idea que él quiere mostrar.

Para dar una explicación más grafica remitámonos a un pasaje bíblico que enuncia, en esta metáfora lo que realmente significa el poder de la mirada y su relación con el sujeto. Este pasaje nos lleva Sodoma y Gomorra, cuando a Lot y su familia se les da la orden: No miren hacia atrás, sino morirán (v8). De esta premisa se pueden extraer dos significaciones fundamentales: la primera remite a una prohibición, y a la tentativa de romper tal prohibición, pero aquí radicalmente se manifiesta la tentativa inevitable de mirar la escena de destrucción del pueblo de Sodoma, ante la cual cae en aquel instante la mirada del espectador, que no pudo resistirse. Y la segunda significación remite a algo considerado en un texto de Jacques Alain Millar: si miras, morirás, es decir, mirar implica morir; el sujeto esta barrado.

Por ello se toma muy en cuenta la función que ejerce la mirada en la vida inconsciente de un individuo, es decir la mirada es más que captar imágenes. La mirada puede transmitir mensajes, por ejemplo de amenaza. Cabe recalcar aquí que en el mismo artículo del que anteriormente les hablé sobre la vida de Hittler, el autor menciona una especie de poder hipnótico que Hittler ejercía sobre sus allegados , no solo en su forma de expresarse que el catalogaba como histérica, sino también en la mirada. Pero lo que queremos plantear aquí es que el espectáculo se sirve precisamente de esa propiedad, a la que le llaman comúnmente morbo.

También vale la pena agregar que el espectáculo ubica al sujeto, al individuo en una posición ventajosa(de poder), y se trata de la dualidad: ver , sin ser visto; posición inversa, no comprometedora, a la del niño que frente a su precariedad subjetiva, es capturado, absorbido por la mirada de la madre(del otro); posición desventajosa. Algo que se traduce sobre esta impotencia, es lo culturalmente conocido como mal de ojo, en la que se trata de proteger el niño de la mirada dañina de otras personas. Esta relación dual de ver, sin ser visto, permite señalar por qué el hecho de trabajar en sistemas de monitoreo en el que se vigila a otros, dependiendo del grado de estrés adquirido, produce una satisfacción, que señalan estas personas como producido por cierto poder frente al otro. Situación que también remite al ideal de Dios, el Omnivouyer, el panoptismo, manifiesto en programas como Big Brothers.

Lacan se encargó de establecer una relación entre mirada y goce, y en este punto solo hemos querido resaltar su importancia en el funcionamiento del espectáculo.

Ahora bien, todos los memorialistas coinciden en que hay una extraña relación entre el placer de hacer el mal y el placer de sufrirlo, aunque ambos elementos podrían pertenecer al mismo conjunto, o estar separados. Y digo esto porque no necesariamente un individuo presenta ambos rasgos, es más probable que uno predomine sobre el otro, de ello se trata el sadomasoquismo. El punto es que la imagen que pueda representar un contenido sádico o masoquista, y aquí llegamos a una idea central, lo que proyecte es atractivo, existe una atracción más fuerte por imágenes de contenido erótico y/o violento, que por imágenes de otro tipo, y esto es bien explotado por la industria cinematográfica. Es esta extraña atracción por escenas traumáticas lo que Lacan relaciona con el goce. Y se ha notado un incremento de tales imágenes en la proyección cinematográfica en los últimos años. Si seguimos una secuencia El Señor De Los Anillos, El Samurai con Tom Cruise, y La Pasión, han sido películas con escenas en extremo violentas, es una estilo que algunos cineastas han dado en llamar "estilo sangriento". Si tomamos en consideración: El Señor de los Anillos, una película que barrió con los premios Oscar, nos indica que las historias míticas, épicas, es decir las ruinas de las que habla Lacan, producen una especie de fascinación en las masas.

El ser humano, un ser regresivo

Estas ruinas míticas siguen actuando inconscientemente, porque seguimos viviendo en un mundo incierto, con unas bases contradictorias de paz y violencia, que establecen relaciones de odio, culpa y venganza, círculo vicioso de violencia, contra violencia, y no se ha podido lograr un corte. El hombre progresa, pero a la vez da un paso atrás, es una cuestión cíclica entre represión y retorno, ¿será esto acaso sólo una propiedad inherente del ser humano? ¿Es el hombre un ser regresivo? Pues cuando hablo de propiedad humana, me refiero a huellas mnémicas (memoria), que de alguna manera coinciden con un automatismo de repetición. Y por ende, el núcleo de la sociedad primitiva (en algunos aspectos) sigue siendo tan determinante en el presente, como lo son los primeros cinco años de vida del niño en su relación con el padre y la madre, para su vida posterior.

Por otra parte, el espectáculo ha hecho de la violencia, algo cotidiano, pues no se trata de vivir la violencia o de evitarla, sino de contemplarla, prestándose a la confusión entre lo real y lo virtual. La violencia es un ciclo pernicioso e interminable. Hace un tiempo escuché la noticia de que el presidente Putin de Rusia, tenía como mayor prioridad rearmar su país, con el ideal de llegar a tener un poder bélico tan grande como el norteamericano, acaso esto no indicaría que seguimos viviendo al asecho del otro, ese otro que sigue siendo un "otro amenazador". Pues ¿cómo garantizar paz en un mundo en el que se invierten millones de dólares en armamento bélico altamente tecnológico?, ¿acaso esto tiene un sentido meramente defensivo?

Si estamos claros en que el hombre no es simplemente un animal instintivo, sino un animal controlado por símbolos e imágenes, ¿hasta cuándo el psiquismo colectivo seguirá imbuido por la letra apocalíptica?, pues tenemos una venganza superyoica encima y esta es el fin apocalíptico.

Si notamos algo, Heine, un poeta judío mucho antes de la existencia de Hittler, había dicho que la costumbre de quemar libros sería sustituida por la quema de humanos. Más tarde, Hittler herido en un hospital después de la primera guerra mundial, dijo que la divina providencia lo había elegido para dirigir los destinos de Alemania, cosa que ocurrió quince años después. Nostradamus el profeta más influyente del siglo XX cuantos desastres humanos no predijo, lo que se resume es que sólo en el discurso la destrucción, la perversión sádica, se denuncia, y solo en este orden lo no natural, es posible. Desde una lógica relacionada con la naturaleza la probabilidad de que un asteroide en su trayectoria choque con la tierra, es eso una probabilidad; pero de que esto sea una maldición, eso es puramente humano, es eso: un hecho de discurso. Observemos algo preciso: lo que podría considerarse causa de un error político y me refiero a la guerra en Irak, o producto de un interés económico, no fue más que la consecuencia de un miedo paranoico. Si algo observamos es que el gobierno norteamericano siempre contempló la posibilidad de que Saddam Huseim poseyera armas de destrucción masiva, la verdad es esa, miedo paranoico a consecuencia del estrés postraumático, producido por el desastre de las torres gemelas, que tuvo a su vez incidencia por razones apocalípticas, pues para Osama la puesta en acción de esta destrucción es un castigo para los Estados Unidos, una maldición que les cayó del cielo siendo el un simple instrumento del poder divino.

Notas

v1 Ver especialmente los libros del éxodo e Isaías.

v2 Sobre el Mesías sufriente, ver el libro de Daniel, g.

v3 Ver mateo 5, 43-48 y Lucas 6, 27-36.

v4 Artículo publicado en la estrella de Panamá, en Junio del año 2001.

v5 Ver Génesis 3, 1-2

v6 Sobre este punto ver proceso de Jesús, en: X. Léon Dufour: Diccionario del nuevo testamento, Cristiandad, Madrid 1997, p. 365

v7 Los relatos de la pasión de Jesús están contenidos en los evangelios, los 3 sinópticos (mateo, marcos y Lucas). Para facilitar su consulta, debe acceder a su índice o concordancia de dicho pasaje

v8 Ver Génesis 19, 12-2

Bibliografía citada.

1- Rabinovich G. Norberto, El Nombre del padre, 1998, Pág. 68

2- Eidelsztein Alfredo, Seminario, El padre en psicoanálisis, seminarios Edupsi, clase II.

3- Lacan Jacques, La Ética del psicoanálisis, 1959-1960, edic. Paidos, pag 382

4-Safouan Moustafa, El Estructuralismo en Psicoanálisis, edit losada, S.A., 1975, Pág. 87

5- Lacan Jacques, La Ética del psicoanálisis, 1959-1960, edic. Paidos, pag 383

6- Groddeck, Le live du ça, Gullimard, Paris, Pag 125

7- Lacan Jacques, La Ética del psicoanálisis, 1959-1960, edic. Paidos, pag 385

8- Berenzin Ana, La Oscuridad en los ojos, Homosapiens, Argentina, 1998. Pag. 29

9- Lacan Jacques, El Reverso del Psicoanálisis, Ediciones Paidos, Pág. 16

10- Safouan Moustafa, El Estructuralismo en Psicoanálisis, edit losada, S.A., 1975, Pág. 87

11- Ídem, Ibíd., Pág. 88

12- Ídem, Ibíd., Pág. 89

13- Baudelaire Charles, Obras Selectas, Edimat Libros S.A. Madrid, Pag. 243

14- Cevasco R. , Odio y Segregación, artículo publicado en la revista de psicoanálisis acheronta, 1999, Pag. 3 (cita del autor).

15- Harari Roberto, El Seminario: "La Angustia de Lacan: Una Introducción, Amorrortu editores, Buenos Aires, Pag. 32.

16- Lacan Jaques, Acerca del deseo y su interpretación, Seminario VI, Pág. 15

Bibliografía Adicional

1- Fedida Pierre, Diccionario de Psicoanálisis, librairie larousse, 1974

2- Freud Sigmund, Tótem y Tabú, AE, Vol. XIII, 1913

3- Freud Sigmund, Pulsiones y destinos de pulsión, SE, Vol. XIV, 1915

4- Lacan Jacques, Los cuatro conceptos fundamentales del psicoanálisis, Editorial paidos, 1973

5- Le Du Jean, El Cuerpo Hablado, editorial paidos, edición, 1981

6- Sade, Los infortunios de la virtud, Edicomunicaciones, 1995

Sobre Sade y la función del discurso perverso

Introducciòn

El fenómeno psicopatológico de la perversión sádico-masoquista, se sitúa más allá de los simples juegos eróticos sexuales.

Es injusto reducir dichas perversiones a una problemática sexual, sin concebir las implicaciones y el alcance que en las sociedades inscriben dichas perversiones.

De allí el estudio preeliminar de las obras completas del Marqués de Sade (en el caso del sadismo), se hace necesario para cualquier profesional de la disciplina que pretenda una mayor comprensión de la temática.

De hecho, Sade ha sido objeto de estudio para filósofos de la talla de un Gilles Deleuze, y un Michel Foucault, así como del célebre psicoanalista Jacques Lacan, en Kant con Sade.

De la subjetividad de Sade y su historia

Cabe destacar que Donatain-Alponse-Francois, marqués de Sade, nace en un momento histórico socio cultural (1740), destacado por el Despotismo ilustrado, caracterizado por las intrigas de la decadente corte de Versalles, nido de, embaucadores y aventureros

Como lo señala Lacan, Sade fue con todo su libertinaje un perseguido político, por la tiranía de aquel entonces, y permaneció al menos unos 25 años cautivo.

Para Deleuze la esencia del pensamiento sadiano sigue en esa línea, que gira en torno a una circunstancia, a una situación jurídico-política, y que expresa el odio de Sade por el Tirano.

Según Deleuze el pensamiento de Sade se concentra en lo siguiente "los tiranos nunca nacen en la anarquía, uno los ve erigirse a las sombra de las leyes o basarse en ellas. El tirano habla del lenguaje de las leyes y no tiene otro lenguaje. Tiene necesidad de la sombra de las leyes, y los héroes de Sade se encuentran investidos de una extraña anti- tiranía, hablando como ningún tirano lo hizo, instituyendo un contra lenguaje" (2)

Como arte literario, Sade implica un impasse en la escritura, en el estilo, un estilo que se   hace contra lenguaje, y que se constituye dentro de un contexto socio-histórico.

Así el pensamiento sadiano irrumpe en la historia y marca un neologismo.

Como lo indicamos Sade es un pensamiento, un lenguaje, el cual se ubica del lado opuesto de la ley, o al menos intenta negarla. Intento fallido, pues como lo señala Lacan, para Sade la madre sigue prohibida lo cual indica la sumisión de Sade a la Ley. Sin embrago en este intento Sade le da paso a la ley de Otro, en este caso la naturaleza.

Intenta negar el vínculo social hasta sus últimas consecuencias, a través de lo que lo constituye la escritura, haciendo un juego circular, pues tal naturaleza esta muerta por el símbolo. Como lo indica Lacan en La ética del Psicoanálisis (sobre el das Ding), "el símbolo mata a la cosa".

Entonces Sade intenta lo imposible abolir el símbolo, a través del símbolo, y en ese intento de lo imposible crea y causa un lenguaje en esta búsqueda infinitesimal de combinatoria erótica, que según Foucault recae en una exaltación (al menos en el caso de Justine) del propio sujeto, exaltación que lo conduce a su explosión(3).

De este modo inaugura en la sociedad una terminología la cual se articula en el discurso, nominación de lo que antes era innominable (el sadismo).

La perversión como acto de discurso

Todo acto de perversión es posible en un acto de discurso, así el perverso denuncia su fantasma, y sin el símbolo la perversión es inexistente.

Nótese que la obra sadiana se vale mucho del sarcasmo, de este humor negro, que se articula en el caso de Justine, la cual sufre de forma consistente el abuso de sus verdugos, y que al lograr librarse, al final de la obra, cuando todo parece colmarla de felicidad, un rayo la mata. De este modo el perverso juega con los significantes.

El sádico, se mofa, ríe, goza, a consecuencia de la víctima.

Todo es posible, no hay límites, la abolición del Otro y del otro, objetivo pues que recae en la destrucción del cuerpo.

Sin embargo "ese cuerpo, ese cuerpo que no existe mantiene unas ruinas rebeldes: las pulsiones, que hablan la falta de instinto y que el sádico-paranoico trata también de eliminar, en nombre de un símbolo que no le pertenece, que es un símbolo vació que es pura negatividad incapaz de cualquier mediación" (4).

El habla de Sade es un habla prostituida, sirve solo para negar al Otro, y por ello esta siempre a su servicio.

Recordemos que en la acepción lacaniana, el Otro es lugar del significante, y Sade hace una transacción, que consiste en pasar del Otro de la Ley, a la ley de l Otro.

En la filosofía de tocador justifica punto por punto la inversión de los imperativos fundamentales de la ley moral, preconizando el adulterio, el robo y todo lo que se le ocurra agregar. Lacan dice: "Tomen el exacto revés de de todas las leyes del decálogo y obtendrán la exposición de algo coherente de algo cuyo mecanismo se articula así— Tomemos como máxima universal de nuestra acción el derecho a gozar de cualquier prójimo como instrumento de nuestro placer" (5).

El perverso frente a la dialéctica de la ley y el deseo

Aquí entra en juego el perverso frente a la dialéctica de la Ley y el deseo, haciéndose instrumento de la palabra. Pero como lo señala Lacan: "esa palabra no sabe ella misma que dice cuando miente y por otra parte mintiendo promueve alguna verdad. Y en esta función antinómica entre la ley y el deseo, la palabra condiciona" (6).

Por ello el fantasma del perverso consiste en que se imagina ser el Otro para asegurar su goce, y en esta condición se hace instrumento del goce del A (7).

En esta dialéctica Lacan pregunta acaso la Ley es la cosa? OH no, ¡Sin embargo, solo tuve conocimiento de la Cosa por la Ley. En efecto, no hubiese tenido la idea de codiciarla si la Ley no hubiese dicho —tu no la codiciaras. Pero la Cosa encontrando la ocasión produce toda suerte de codicias en mí gracias al mandamiento, pues sin la Ley la Cosa esta muerta" (8).

En Sade al intentar negar la Ley, del deseo queda poco, se trata más bien de una voluntad de goce, que proviene del Otro.

Así el perverso es una especie de transposición en la estructura, a consecuencia de la alienación, un intento de ocupar ese lugar imposible. El sujeto al articular la cadena significante trae a la luz la carencia en ser, el Otro, lugar de la palabra, es también lugar de esa carencia. En esta operación el perverso se ubica frente a la ausencia de ser de la inscripción significante, haciéndose instrumento, petrificándose como puro ser de goce.

El perverso se hace intermediario, mostrando la mayor desposesión subjetiva, se hace instrumento por ejemplo del poder.

Las posiciones del poder y su relación con la crueldad es más que elocuente. En la obra sadiana las posiciones de los verdugos eran la de los dirigentes, ricos, instituciones de justicia, el clero, etc. Del mismo modo que en la pasión de Jesús sus verdugos ocupaban el lugar de los llamados poderes fácticos, me refiero, a las instituciones de justicia romana, el aparato militar, el templo, etc.

Como instrumento de goce el perverso, el sádico no solo utiliza al otro como víctima, sino que se petrifica el mismo.

En el caso de los suicidios terroristas, el sacrificio conduce al sujeto a una inmolación, inmolación que proviene como voluntad del Otro, en este caso, Yahvé, Ala, etc.

Vale la pena también señalar el ejemplo de un excriminal que en una entrevista clínica, me dice: "Yo no soy lo que quise ser, sino lo que la sociedad corrupta me hizo ser", en este caso la sociedad ocupa ese lugar, del cual el se hace intermediario o instrumento.

Aspectos clínicos de la perversión

El perverso como desposesión nos hace situar algunos puntos clínicos importantes. De lo que se trata en las observaciones de la vida cotidiana o en la clínica es ubicar al sujeto. Lacan indica que en una atención clínica, en relación al sujeto, se trata de escuchar con atención para saber: por quien, y para quien el sujeto habla.

Reubicar al sujeto en relación a su inconsciente, y como sujeto deseante, desde su posición alter ego.

Para nosotros el discurso tiene sus efectos del inconsciente, y siendo este inconsciente trans individual, tal posición puede ser ocupada por cualquier sujeto, el perverso es una posibilidad para cualquier sujeto, en un tiempo- espacio. Por eso es posible decir que cada cual lleva un perverso escondido, esto sin necesariamente llegar a tener consecuencias psicopatológicas.

Claro que en tal situación incidirá las relaciones del sujeto con el Otro primordial que en el caso de la clínica psicoanalítica es el lugar ocupado por la madre. De esta relación, de las acciones y el discurso de la madre, así como de las lecturas que el propio infante haga en relación al deseo de la madre, de allí se desprenderá toda una serie de relaciones complejas. Relación que hace indicar sobre esta dialéctica del deseo, la posibilidad de esta frase "de madre santa, hijo perverso", lo cual no deja de ser en la experiencia clínica una realidad.

El lugar de las perversiones en la época actual

Actualmente, la ciencia traspasa paulatinamente las barreras de lo prohibido, colocando en el lugar de ofertas lo que se situaba como vedado, ante esta circunstancia no es en vano reafirmar que para algunos psicoanalistas esta sea una época de las perversiones, distinguiéndolas de las neurosis, estructuras clínicas, por las cuales Freud en relación a su época hizo una mayor profundización.

Al menos el desarrollo tecnológico y su consecuencia (la revolución óptica), provee al hombre una combinatoria de fantasmas prohibitivos, así la mirada cumple una función de goce en el mudo actual, se mira para gozar, no para censurar.

Esto trae como consecuencia en la cultura una transmutación en las estructuras clínicas. Las perversiones sexuales, por ejemplo, aparecen como mercancías de consumo, dándole un sentido en el discurso y en el imaginario que antes no tenían.

Así se da solución a lo que el sujeto sitúa como imposible, sobre todo en lo referente a un cuerpo y su relación al goce.

Notas

1- Sade, Los infortunios de la virtud, Edicomunicación S.A., España, 1995. Pág.5
2- Esta cita la podemos encontrar en el artículo publicado por Del Campo Emiliano, Deleuze: Presentación de Masoch con Sade, Revista Digital de Psicoanálisis Acheronta, 2000. Pág.1
3- Caruso Paolo, Conversaciones con Lèvi-Strauss, Foucault y Lacan, Editorial Anagrama, Barcelona, 1969. Pág. 84
4- Referencia tomada de: Sade, Obras selectas, Edimat libros S.A., Madrid- España.

5- Lacan Jacques, La ética del psicoanálisis, texto establecido por Jacques-Alain Miller, Ediciones paidos, Buenos Aires, 1998. Pág. 98

6- ídem, Ibíd., Pág. 102

7- ídem, Ibíd., Pág. 103

8- Designamos con la letra A, al Otro (lugar de la palabra), que se desprende del francés A (utre), En los escritos de Lacan, el mismo plantea la relación de A con el sujeto, de terminante en la estructuración de lo inconsciente.

Bibliografía

Bleichmar H, Introducción al estudio de las perversiones, Helguero, Buenos Aires, 1976

Foucault Michel, El Orden del discurso, Tusquests, Barcelona, 1983.

Salvador ángel de frutos, Los escritos de Jacques, Lacan Variantes textuales, Siglo XXI Editores, Madrid –España, 1994.

SOBRE MARIDOS

Reflexiones psicoanalíticas sobre la novela maridos, un análisis sobre los problemas del amor de pareja

INTRODUCCIÓN

Los problemas del amor entretejidos en las vidas de los personajes narrados en la novela maridos de la autora mexicana Ángeles Matretta nos permite realizar reflexiones acerca de aquello que tanto en los cuentos como en la realidad hace soñar sobre lo desconocido, un mundo de fantasías que se construyen en la vida de pareja, tal vez un mundo de mentiras, pero al final la verdad de un imposible, la satisfacción a plenitud del deseo o la imposibilidad de amar.

Este escrito nos deja el sabor incensante del amor y el desamor, del encuentro y el desencuentro, del pasaje del tiempo consumiendo lo que sobre el cuerpo recae un desgaste, un trajinar incesante, una vida que se acorta, un dejar en el tiempo, un caminar al único punto de encuentro, como diría Lacan: La beatifica quietud de las rocas, retorno a lo real, aquello que sólo se accede en la muerte.

El amor es un tema capital en la obra freudiana y en esa dirección la experiencia de la transferencia es precisamente uno de los temas centrales que permiten suponer el efecto que entre seres del sexo opuesto o del mismo, trae consigo aquel hechizo que funde a los enamorados, en un deseo que es demanda insaciable.

Como narra la autora las historias tienen puntos de encuentro y desencuentros, traiciones, amores imposibles, desencanto, infidelidad, tedio, cuyo hilo conductor es la vida de la mujer alrededor del personaje masculino, aquel cuyo perfil cultural se ubica más del lado del machista, ajustado a la vida latinoamericana, en un mundo socioeconómico capitalista que da relevancia a lo material.

Según interpretamos a la autora, la mujer deja de vivir, deja de soñar, deja de ser ella, se desvanece en el matrimonio, el tedio y la costumbre la limitan, muchas veces dando todo lo que tiene, al lado de quien no la valora.

Este punto de vista remite a una concepción de la mujer como vagina pasiva de las décadas del 60 y 70, cuidadora de hijos, limitada intelectualmente, pero con sueños de superación. En diversos puntos la autora apela a la realización personal de la mujer, ya sea como realidad o fantasía, y que en su justa dimensión es narración de la institución matrimonial en aquellas épocas.

Por otro lado no se puede dejar de lado el problema de la comunicación que entre hombre y mujeres, tiene sus características propias, y que indica que ocurre cuando hablamos.

Como dice Lacan somos esclavos del lenguaje y en ese sentido hablar significa perderse a sí mismo, así lo inconsciente que es aquello que también habla posee su lenguaje personal tanto para hombre como mujeres, y es en el Edipo o etapa edípica donde se constituye inconscientemente esa diferencia q   ue entre hombres y mujeres devela una verdad ineludible, la diferencia de los sexos.

El deseo que es permanente, indestructible y permutable, nunca alcanza a llenar el hueco de lo real, pues el sujeto sólo se desliza de significante en significante haciéndose imposible alcanzar su saciedad absoluta.

Una plenitud tal vez lograda en el útero tras el acople casi perfecto del feto a su madre, pero pérdida en aquel primer trauma del nacimiento.

Así la palabra se convierte en ese interdictor y mediador de todo cuanto se trata de poseer, haciendo del amor una palabra más que se pierde en la cadena significante.

Amor y narcisismo

"Locura amorosa
Pleonasmo
"El amor ya es locura"
Heine

Cuál es la verdadera esencia del amor, de este afecto al que todos apelamos como valor universal? Cuando se ama, que es lo que verdaderamente se ama?

Que ocurre con aquellas parejas que un día se juraron amor eterno, y luego de meses o unos años, pueden más que dejar de amarse, llegar a odiarse?

El psicoanálisis nos permite entender que todo ser humano atraviesa por una función psíquica primaria descrita con el término de narcisismo, de modo que esta función de desdoblamiento del Yo, implica una relación dual del sujeto consigo mismo, es decir todo individuo es sujeto y a su vez objeto.

En el campo imaginario Lacan habla del estadio del espejo para referirse al momento en que el niño es eclipsado por su propia imagen, es decir se enamora de su propia imagen en un encuentro fugaz y a la vez letal.

El narcisismo primario presupuesto en todo sujeto, puede definirse como el estado en el que el niño ocupa toda su líbido en él mismo. Este narcisismo se refiere a la imagen corporal, que realiza la unidad del sujeto y modela su universo.

Luego este narcisismo primario se desplaza al Yo, una instancia que permite establecer el Yo ideal e ideal del Yo. Desde este momento el narcisismo no solo involucra lo imaginario, sino también lo simbólico, pues en la palabra el sujeto encuentra la vía de acceso hacia el otro.

De esta manera es en la relación del sujeto con su semejante a través de la cual la función narcisista tendrá sentido, es decir es en la imagen y la palabra de otro donde experimentará el sentimiento de sí m mismo.
.

En otras palabras no hay amor hacia sí mismo, sino a través de otro, pero este otro precisamente esta en las mismas condiciones y por ello:

"no ser amado rebaja el sentimiento de estima de sí, ser amado lo eleva... Ser amado representa el fin y la satisfacción en la elección del objeto narcisista" (1).

Por ello todo lo anterior nos permite responder a la pregunta: que es lo que verdaderamente se ama?, lo cual recae en la siguiente cita:

Según Freud: "Se ama lo que uno mismo es, lo que uno mismo ha sido, lo que uno mismo quisiera ser, y la persona que ha sido una parte de su propio Yo " Y agrega: se ama lo que posee la cualidad eminente que le falta al yo para alcanzar el ideal amado".(2)

En todo esto el deseo y la pulsión sexual se mezclan en una combinación tenaz, que dirige al sujeto a un ideal del yo que se superpone en otro sujeto, en este caso dependiendo del tipo de identificación sexual, hablamos de hombre o mujer.

Sin duda este punto encierra un factor crucial en la comprensión del amor de pareja tal cual como se le describe en el lenguaje cotidiano, tal vez con un sentido menos romántico que en épocas pasadas, pero que por persistencia no pierde su esencia.

El narcisismo una función psíquica primaria permite entonces comprender por qué se puede amar tanto como odiar al mismo objeto, por una parte el mito de narciso nos habla del punto donde la pulsión de muerte y masoquismo primario se anudan en lo que resulta de una discordancia entre la realidad y el ideal. De un lado realidad de la falta, del otro lado, perfección del ideal".

Tal vez la esperanza de que el matrimonio, la vida en pareja sea el sueño que narra la autora de la princesa Merluza y su príncipe, convierte al amor en un imposible, ese ideal de perfección sólo en las novelas es posible, aunque en esta novela el final feliz no exista.

Por otro lado la ambivalencia aparece bajo esta forma: "Te amo porque eres hermoso, porque eres hermosa (hoy diríamos como a un objeto), pero cuanto lo lamento y cuanto te odio!

Porque esta dualidad?, precisamente porque "la inserción del amor en el campo narcisista, que es obra del yo, conserva sus efectos en el sentimiento de sí que el sujeto va a buscar en la imagen del otro y gracias al amor que siente por ella. Lo que el ama es su propio yo en el otro. Pero esta misma alienación del sujeto en su semejante deja al otro ajeno del yo. Entonces entra en función la agresividad"(3).

Pues no conocer el odio es no conocer el amor. De modo que se podría llegar a la conclusión con Lacan: que cuanto más el hombre se preste a que la mujer lo confunda con Dios, es decir con aquello con lo que ella goza, menos odia él, menos es – y puesto que después de todo no hay amor sin odio – menos ama.(4)

Entonces desde el psicoanálisis no se trata de que se llegue a odiar lo que se ama, sino que ambos afectos se encuentran en un continuo, pues como lo advierte Lacan en efecto es patente que el amor no se empeña en querer el bienestar del otro, pues de lo que se trata es el bienestar propio.

La autora nos narra una infinidad de problemas en la comunicación de pareja, problemas que implican este discurso circular de cada quien y que apuntan un bla bla para sí mismo, un bla bla que no alcanza al otro pues cada quien vive ensimismado en sus problemas.

Tal vez con un mayor énfasis en el hombre que describe en algunos de sus relatos como egocéntrico y precisamente narcisista, un sujeto que piensa sólo en sí mismo.

Entonces que pasa en los primero meses o primeros años?, la llamada limeranza (enamoramiento). Es la estrategia del enamorado, una estrategia que muestra ante el otro el yo ideal que intenta ubicarse en aquel punto ideal para el otro, pero que sólo es un señuelo cuando la verdad del deseo aflora y el objeto de amor es alcanzado.

En muchas relaciones ocurre esto, aunque es también cierto que la costumbre y otros factores como las creencias familiares influyen en el desarrollo de una relación.

La narración de relaciones de parejas que duran veintenas de años tal vez remita a épocas pasadas con personajes del pasado, que a personajes de la actualidad, pues muchas de las costumbres e idiosincrasia de la mujer ha cambiado con el pasar del tiempo.

Más en esta primera parte intentamos develar el misterio del amor y su función de señuelo, de ilusión en el campo de las relaciones de pareja, utilizando como concepto explicativo el narcisismo.

El cuerpo, la mujer y el goce.

En la fórmula lacaniana la mujer no existe, es decir no existe como tal en lo real, y su ser solo adquiere sentido en el lenguaje. Es una conclusión que parte de una lógica que sugiere que el dos es una función matemática posible en el lenguaje.

La diferencia de los sexos más allá de lo concreto, es decir los genitales entre otros aspectos biológicos del cuerpo como la segregación de hormonas sexuales, se estructura en la cultura a partir de un discurso, que diferencia   lo femenino de lo masculino, de allí parte el fenómeno de la identificación como función yoica determinante en la construcción de lo que significa ser mujer o varón.

Que quiere la mujer? Se interroga el psicoanálisis frente a la demanda que se origina en una relación de pareja, y cuya respuesta abrumadora podría remitir a un goce, el goce de lo real, es decir el goce del cuerpo.

Por otra parte el deseo de la mujer es el deseo del deseo, es decir la función de objeto frente al deseo masculino, que permite responder a la pregunta que quiere la mujer?, Lo que la mujer desea es ser objeto de deseo del otro, punto privilegiado originado por la función narcisista.

Desde esta perspectiva que diferencia el deseo en el hombre y la mujer? Simplemente aquello que representa el fantasma, algo que dirige el deseo de ambos hacia una especie de espejismo, cuya función es inconsciente, pues su estructuración es el resultado de los factores históricos básicamente en las relaciones objétales tempranas, que marca desde un inicio las relaciones con el sexo opuesto.

Obviamente las experiencias tempranas con las figuras de apego son desplazadas hacia la pareja actual en un modo de transferencia, que permite re experimentar en una nueva edición sentimiento de ira o de amor hacia el otro.

Deseo y pulsión sexual

Desde la perspectiva psicoanalítica el deseo pertenece al campo del lenguaje, cuyo fin es inalcanzable por la división que precisamente origina la alienación fundante del sujeto, es decir el nacimiento del sujeto en el lenguaje.

Por ello el deseo es insaciable pues la falta que lo origina es ese punto de fuga donde lo biológico queda mediado por la palabra.

Mientras el deseo se desliza en una cadena significante interminable, la pulsión dirige al organismo humano hacia objetos que permiten cubrir temporalmente esa falta básica.

La pulsión como punto de intersección entre lo psíquico y somatico, buscara descargas a través de objetos cuya función será suplir las demandas pulsionales del momento.

Conclusión

El amor de pareja es un imposible según afirma el psicoanálisis, y esta imposibilidad es recogida en las narraciones socioculturales expresadas en la novela maridos.

No es posible suplir la necesidad de espejo del otro cuando en dicho intercambio el otro espera la misma función, por lo cual dicha interacción solo puede recaer en una idealización, una falsa ilusión de completud que termina en desesperanza.

Notas

1. Krajzman Maurice-Moshè (1988). El lugar del amor en el psicoanálisis. Argentina, Buenos Aires. Ediciones Nueva Visiòn. (Pag.35)
2. Idem, ibid. Pag. 36
3. Idem, ibid. Pag. 40
4. Idem, ibid. Pag. 43

CAPITULO II
PSICOANÁLISIS, CULTURA Y SOCIEDAD

Psicoanàlisis y delicuencia

Es posible hacer un análisis de la delincuencia y su incremento en nuestra época, a partir de los fundamentos teóricos psicoanalíticos? Y bajo esta misma óptica ¿Cómo asociar el deterioro, o diríamos cambio de la estructura familiar clásica, al problema delincuencial de la época? Es preciso ante todo señalar que ya Freud en su época intenta realizar un análisis del acto delictivo y su relación con lo inconsciente. Así el acto delictivo es interpretado desde esta perspectiva como un síntoma y no como acto deliberado, en el cual se encadena una relación profunda entre goce y castigo. Pues para el inconsciente delictivo no existe castigo eficaz que pueda suprimir su sintomatología. Freud insiste que se trata en toda instancia de repetir en acto lo reprimido. Tratando de establecer como hipótesis que todo acto delincuencial, tiene raíces inconscientes. Esta perspectiva enfoca al sujeto delincuente como un enfermo, un neurótico con características compulsivas. Así esto manifiesta en gran parte la inoperancia del trabajo resocializante o rehabilitante, en el cual se obvia la subjetividad en cuanto a tal, refiriéndonos a la historia de cada sujeto, y también la inoperancia en muchos casos del efecto disuasivo del castigo, sobre todo cuando el sujeto no asimila el castigo y su relación con el acto cometido. Desde el psicoanálisis podemos observar la repetición del acto criminal que no cesa, como manifestación de lo inconsciente, y a la vez de la inoperancia de un sistema de justicia, que hace de cada sujeto un objeto, en tanto carente de una historia particular. Sin embargo, no sería suficiente detenernos en este punto, pues la psiquiatría hace aportes importantes, en la clasificación de ciertos tipos de delincuentes, que permitirán complementar el tema tratado.

Se trata de las llamadas sociopatías o psicopatías, conocidas como patología de la personalidad, las cuales trata de individuos impulsivos, agresivos, ego sintónicos, con tendencia a la repetición.

Como vemos la repetición es característica esencial de este sujeto, no obstante la repetición en Freud, se liga al problema de la culpabilidad y el castigo, en tanto en el caso de las psicopatías se trata de la inoperancia o ausencia de culpa. De un lado o del otro, todo acto delictivo implica síntoma y repetición.

El sentido de la culpa en la época

Como se relaciona lo que entendemos como culpa, a la problemática delincuencial? Podemos argüir que la culpa aparece relacionada a un temor, temor ante la posibilidad de ser descubiertos, por una autoridad, una ley exterior al sujeto, y ante la amenaza de ser castigado, y para que exista sentimiento de culpabilidad es necesario una internalización o interiorización de la ley.

En todo caso el proceso complejo del Edipo será el momento histórico donde la culpa será condición del sujeto en la resolución del conflicto, siendo así la culpa lo que nos introduce a la cultura y no lo contrario. En Lacan el super yo más que significar la conciencia moral, implica una parte extrema que opera en el sujeto como una demanda particular, "un tu debes incondicional", haciéndose en este caso al sujeto instrumento del goce del Otro.

De allí el castigo viene a ser el limite expiatorio, en este sentido el castigo opera como una necesidad. Sin embargo, para continuar este análisis es necesario también situarnos en nuestra época, y para ello es necesario analizar el sentido de la culpa desde una perspectiva histórico- social. En relación a esto el judaísmo da un sentido especial a la culpa, diríamos es el núcleo de la religión judeocristiana, a partir de la metáfora de la manzana, la culpa se instala colectivamente. Así hasta el medioevo y principios de la época moderna la culpa posee un valor religioso incalculable, el discurso religioso patriarcal, será el modelo que permitirá organizar los discursos bajo una condición única. No obstante, a partir de la revolución industrial, el desarrollo de los sistemas y tecnologías de comunicación y los medios de masas, así como la consolidación de los sistemas políticos democráticos, se abre la compuerta a una diversidad de discursos , todos dirigidos o codificados bajo el discurso capitalista, modificándose el sentido y la estructura familiar clásica.

En este sentido se trata de una modalidad distinta, la supremacía del Otro, la mirada censuradora del Otro, de los sistemas altamente puritanos, que condujeron a la guillotina y a la inquisición, manifestaciones de la formas de exceso de tratar con el criminal o lo criminal en aquellas épocas, a las formas más permisivas en la actualidad, una permutación histórica.

En el seminario "Envés del psicoanálisis", Lacan plantea algo interesante y que nos sirve para complementar lo que estamos señalando, y "se trata del momento en el que el mundo vendría a ser arrastrado y cuya marca sería el puritanismo, en tanto el nuevo, si es portador de algún estilo, en todo caso el de la permisividad, y aquello que constituye, llegando al caso, una dificultad, en la prohibición de prohibir". En otros términos la dificultad de prohibir del discurso paterno, cuando otros discursos adquieren un valor hiperbólico, permutaran el sentido de la culpa y por tanto el del vínculo social.

He ahí un renglón difícil de articular, pero a la vez renglón que nos conduce a una interrogante: Estamos viviendo una época tan permisiva, donde la culpa no existe, y por tanto es tan difícil establecer límites morales? Se asocia esto al aumento de la criminalidad, y de qué manera afecta el vínculo social? Al respecto Lacan es certero en señalar la importancia que tiene el hecho de que el sujeto que delinque asimile la falta como propia, de manera tal que el castigo tenga un sentido. Solo en la medida en que el sujeto haga suya la responsabilidad subjetiva del acto cometido, el castigo como tal tendrá un sentido, y esta asociación entre falta y castigo remite al sentido de la culpa. Muchas veces el sujeto se desprende de toda responsabilidad, en tanto que el sujeto desplaza la culpa, en ocasiones al sistema de justicia, a la víctima, entre otras variantes, hecho que lo desliga del acto cometido.

Acerca de la institución educativa, familia y sociedad

También es ineludible señalar la importancia que tiene la relación sociedad-familia- cultura, como factor determinante en las manifestaciones criminales. Por una parte en las sociedades no-liberales, con patrones políticos autoritarios, la violencia se ejerce desde el poder, hacia las bases ciudadanas, siendo mínima la delincuencia, dentro de este tipo de sistemas, casi inexistente en la sociedad actual y que se podrían considerar patriarcales modernos. Se articula en este caso la máxima, refiriéndonos a este tipo de sistemas; que el padre es autoridad en su discurso, en estas sociedades la autoridad proviene del estado encarnada en un líder, figura que representa la autoridad.

En el resto de la sociedad la familia sigue funcionando desde un esquema clásico, controlada por los resortes de un patriarcado. Sin embargo, en el sistema que predomina actualmente, la democracia, crea las condiciones para que los discursos no tengan ni orden ni control. Es lo que se concibe como la democracia neoliberal, donde la autoridad se desvanece, a partir de una supuesta autorregulación del sujeto colectivo. La supuesta autoridad esta en este sujeto colectivo (las masas), lo cual no es más que pura abstracción, pues de este supuesto, la verdad de la historia humana se inclina por demostrar que solo existen dominantes y dominados, y son los poderes económicos y políticos los que verdaderamente gobiernan.

En un sentido filosófico, lo absoluto es central, no solo en las concepciones kantianas o aristotélicas, y tendrá un peso enorme. En la praxis política, la autoridad proviene del pueblo (un absoluto formal), en la praxis económica, el mercado un absoluto real. Este es el problema de establecer una ética en la época posmoderna, y por donde las vías del todo es posible se incluye en los discursos. Problema que trasciende a la institución escolar donde la transmisión de conocimiento y valores morales se hace un imposible, ya que antes tal transmisión de conocimientos e ideales se basaba en la ley simbólica respaldada por el modelo paterno, así los estudiantes integraban la formación necesaria que comporta todo proceso educativo, de esta manera el respeto a la autoridad simbólica que representaba el profesorado, tenía como base la autoridad del discurso paterno en la familia. A raíz de esta desestructuración, la problemática escolar es un síntoma evidente de lo tratado. La ley simbólica cuya función es anudar el deseo del sujeto a la ley social, tenía un papel relevante, tanto en el discurso familiar como escolar, la palabra valía. Ahora asistimos en nuestra época a una caída y desvalorización de la ley simbólica, ni la palabra tiene el valor que tenía, ni la ley paterna se transmite igual. Esto nos permite visualizar hasta qué punto la delincuencia juvenil se ha vuelto un gran problema.

Por ello es necesario establecer estas diferencias para introducirnos en el análisis de la problemática delincuencial en la época actual, ya que nosotros pertenecemos a una sociedad que se inserta al mundo globalizado, es decir culturalmente monolítico.

Este mundo culturalmente monolítico, introduce parámetros éticos, que modifican las estructuras familiares tradicionales. Hay que tener en cuentas aquí que lo delincuencial esta ligado al deterioro de la estructura familiar, en sus formas básicas o tradicionales. La forma nuclear familiar es inoperante en una época marcada por el libertinaje moral. De cualquier forma ¿Cómo podría asociarse el deterioro de la estructura familiar clásica al problema delincuencial de la época? Hay que ver hasta que punto en una cultura sin padre, la Ley de la madre se impone. Pues en la versión sicoanalítica lacaniana, no se trata de si la madre es buena como se podría esperar, sino por el contrario, que es una fiera esencialmente insaciable, amenazadora en su omnipotencia sin Ley. Esta es una forma metafórica de decir, que el deseo materno es ilimitado, que va más allá de un simple instinto. Este es el problema que se presenta cuando se observan los cuadros familiares del delincuente, y de los jóvenes que pertenecen a las bandas. En lo real y simbólico el padre esta ausente, tomando la madre al hijo, como objeto de su deseo. Se trata de estructuras familiares donde el hijo sustituye el rol del padre, satisfaciendo toda demanda materna. Es en esa medida que los psicoterapeutas modernos se enfrentan a una modalidad y mutación constantes de las formas de convivencia familiar, hijos sin padre, hijas sin madre, hijos con padrastros o madrastras, hijos con abuelos, hijos con tíos, etc. Ya no se trata en este caso de un sujeto que atravesará un Edipo con sus padres naturales, pues esto ocurrirá en el mínimo de los casos, sino de una nueva modalidad edipica. Bajo esta condición, una problemática edipica irresuelta, tras un modelo familiar indefinido o no delimitado, que enfrenta nuevos discursos que proponen soluciones Light, y que desacredita la figura del padre, deja en el límite, la construcción de un sujeto que logre anudar su deseo a la ley social. Es a partir de allí que podemos contemplar la idea de un inconsciente delictivo en la época, en donde la relación triangular no funciona, y en donde no existe más ley para el sujeto, que la ley del goce.

Referencias Bibliográficas:

Freud Sigmund, El malestar en la cultura, Amorrortu editores, tomo XXI. Freud Sigmund, Moisés y la religión monoteísta (1934-1939), B. Nueva Glasan Sara, "Culpa y Ética", Rev. Conjetural, 1995. Lacan Jacques, La Familia, Homo Sapiens, 1964 Lacan Jacques, Escritos, Siglo XXI Lacan Jacques, Seminario "El envés del psicoanálisis", Paidos, 1990 Rousseaux Fabiana, Santa Cruz, De la escena pública a la tramitación íntima del duelo en "lo publico, lo privado, lo íntimo, consecuencia de la Ley en el sujeto", J. Dobon compilador, Ed. Letra Viva.

EL LUGAR DEL ESOTERISMO EN EL PSICOANÀLISIS

Abordaré en esta oportunidad el fenómeno del esoterismo, desde una perspectiva psicoanalítica, fenómeno que por cierto no es exclusivo a una sociedad y cultura determinada, pues nada tiene que ver con el desarrollo cultural o el progreso científico.   Pues tras este fenómeno operan ciertas estructuras dentro de las cuales están las creencias y sobre las creencias ya Lacan señala : "no hay nada más ambiguo que las creencias, para el que cree saberlo, sus creencias son verdades y desde esta perspectiva sea cual sea, este es un saber como cualquier otro, y bajo este título cae en el campo del examen que debemos acordar a todo saber, en la medida misma en que , como analistas, pensamos que todo saber se eleva sobre un fondo de ignorancia, así, esto nos permite admitir como tales, además del saber científicamente fundado, muchos otros saberes".
Es allí donde el esoterismo se presenta como un saber más.
Pero antes haremos pedagogía con respecto a lo que en psicoanálisis conocemos como el sujeto dividido.
Tomemos como ejemplo para ilustrar este fenómeno una moneda cualquiera, observaran que la moneda siempre que se lancé en un determinado espacio, solo se presentará accesible ante nuestros ojos, de un solo lado, es imposible visualizar ambos lados al unísono. Se trata de cara o sello, pero no ambos.

Para nosotros de ese mismo modo el sujeto esta dividido en tanto atravesado por el significante, punto medular de una alienación fundante, el sujeto para ser sujeto necesita ser representado por palabras, y es en una cadena de significantes que su existencia adquiere sentido. Para Lacan la alineación consiste en eso que condena al sujeto a aparecer en esa división, según su planteamiento, de un lado como sentido producido por el significante, pero del otro como afanisis (sin sentido).

Así es condición para cualquier sujeto normal, y allí incluimos al neurótico el siguiente esquema:

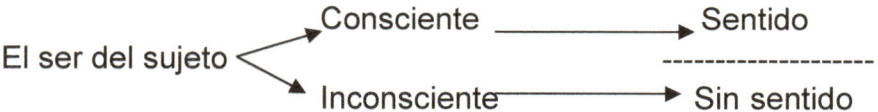

El ser del sujeto

Consciente ———————→ Sentido

Inconsciente ————————→ Sin sentido

En esta instancia queda un lado de si mismo que es por estructura desconocida e inaccesible desde la misma posición del sujeto, punto donde reside la ignorancia sobre si mismo. En este línea de pensamiento hace falta la noción de ese tercero, que en este caso es el saber del Otro para que la noción de sujeto tenga sentido.

En otras palabras por la condición de no saber que produce el inconsciente como consecuencia de la noción de sujeto dividido, ese no saber pasa a ser el saber en el Otro, produciéndose una especie de desplazamiento.

En efecto "la transferencia viene a suplir, en el nivel de la suposición de un sujeto al saber su falta en el inconsciente El sujeto por la transferencia, es supuesto saber del que el consiste como del sujeto del inconsciente, y es eso lo que se transfiere sobre el analista".

Pero el supuesto saber como operador simbólico que produce los efectos transferencia les no se reduce sólo al plano de la clínica, sino a la vida cotidiana.

Por ello si pudiéramos encontrar algo en común entre un médico, psicoanalista y un esotérico es lo que Lacan en los cuatro conceptos fundamentales del psicoanálisis denomina un sujeto supuesto saber, y que como expusimos anteriormente nada tiene que ver con el saber científico, pues el médico que se apoya en una saber científico, produce el mismo efecto de transferencia que un esotérico, yerbero, curandero, etc.

Lacan dice" en cuanto hay en algún lugar, el sujeto que se supone saber, allí hay transferencia".

Así la transferencia como producto de este operador simbólico no se reduce a la clínica si no que es efecto por estructura.

Y es categórico en decir: "que cada vez que esta función pueda ser encarnada para el sujeto por quienquiera que fuese, analista o no, de la definición antes expuesta se entiende que la transferencia queda ya fundada".

Por ello Freud en psicología de las masas se interroga por la docilidad de las masas frente al líder. Pretende aislar los elementos que le prestan al líder la capacidad de influir tan decisivamente en la vida del individuo incorporado a la masa. Parte del hecho de que en una masa el individuo experimenta una alteración profunda que hace que su afectividad se vea incrementada, mientras su rendimiento intelectual sufre una notable merma. El individuo que se ve incluido en una masa cree en la palabra del líder y se deja conducir por ella, para él las palabras de su jefe son órdenes ineludibles. Freud en este marco lanza la hipótesis de que la esencia de fenómenos como este debe buscarse en vínculos de amor.

De esta manera ya Freud se interesa por este fenómeno, en la relación del líder con la masa, fenómeno que podemos situar actualmente en el lugar de las sectas, concibiendo la posibilidad de que estos vínculos tienen un origen transferencial. pero queda cierto bache conceptual el cual desarrolla Lacan con el concepto de Supuesto Saber. En ausencia de este concepto Freud utiliza un argumento en el que explica tal fenómeno, producido por una sustitución del líder por la figura de l padre ideal.

Es allí donde la noción freudiana de transferencia en cierto sentido varía a la de Lacan.

Para Freud la transferencia son reediciones, recreaciones de los deseos y fantasías que a medida que el análisis avanza, no pueden más que despertarse y hacerse conscientes, pero lo característico es la sustitución del médico por el de otra persona. De este modo para Freud la transferencia es una re-actualización de experiencias pasadas, donde se sustituyen el rol por ejemplo del médico, por el del padre estableciéndose un vínculo afectivo. Sin embargo para Lacan la transferencia no es por naturaleza la experiencia de algo vivido antes, pues en el caso de la clínica en tanto está sujeto al deseo del analista, el sujeto desea engañarlo acerca de esa sujeción haciéndose amar por él. Así la transferencia es ese efecto de engaño que se produce en el aquí y el ahora.

Sin embargo, Lacan coincide con Freud en este punto que él llama efecto de transferencia, lo cual nos aproxima a la noción de amor, al sujeto se le supone saber por el mero hecho de ser sujeto del deseo. Este efecto de transferencia es el amor, y como es evidente que como todo amor se ubica como indica Freud, en el campo del narcisismo. Amar es esencialmente querer ser amado. Es en esta permutación del amado por el amante que amar se hace posible.

Noción que no se puede desprender del ideal del yo, así el sujeto según Lacan" tiene una relación con su analista cuyo centro es ese significante privilegiado llamado ideal del yo, en la medida que desde allí se sentirá tan satisfactorio como amado". Para nosotros el ideal del Yo es un punto virtual, don de el sujeto se mira, como mirado por el otro, es un punto donde se interceptan ambos vectores.

Se sobreentiende que el amor es producto de esa formula donde el objeto se ha colocado e n el lugar de el ideal del yo.

Así las elecciones de tipo neurótico se llevan a cabo en una sobreestimación y una idealización del otro, fenómeno observable en la relación del creyente fanático con su líder en el caso de las sectas, y Dios sabrá la cantidad de sectas que en un país tan pequeño como el nuestro ha proliferado.

Partiendo así de la noción de sujeto dividido, que conduce a la de sujeto supuesto saber, la transferencia es posible, lo cual trae como consecuencia el efecto de amor transferencial, por la ubicación de ese otro en el lugar del ideal del yo.

Para nosotros el esoterismo es una encarnación de ese lugar que adjudica las creencias de la gente dado un sistema de valores y creencias, y esta función que ocupan en la comunidad les conduce a producir los efectos que ya hemos mencionados.

De allí que el esotérico en épocas modernas no hace más que explotar ese lugar de saber, así se propala una serie de conocimientos acerca de la vida del sujeto(entendiendo aquí sujeto por persona), se predicen hechos, se conjuran desastres, al mismo tiempo que se articulan los deseos, y se envuelve a l sujeto en una serie de rituales.

Así el esotérico es aquel que se identifica a este lugar (S.s.S) creyendo poseer un saber absoluto, indicando al sujeto un camino ideal, fenómeno que conduce a un doble engaño.

Esta función también es común entre colegas, que identificados al lugar de supuesto saber, orientados por su deseo, conducen al paciente por lo que ellos suponen el camino ideal, trágico error para el que pretenda una atención objetiva destinada al cura.

Al menos esta es la ilusión que ofrece el esoterismo, en la cual se envuelve al sujeto, en una cadena de rituales, el ritual como solución fantasma tica a los problemas cotidianos del sujeto. Fundamentados en la potencia del dicho, en la palabra, en el decir del esotérico, proceso facilitado por los efectos transferencia les.

En la cultura podemos encontrar algunos ejemplos que nos sirven para ilustrar, el fenómeno desde una perspectiva antropológica, El caso de la cultura Kuna:

Según la cultura de la tribu Kuna, el parto difícil se debe a que Muu, la potencia responsable de la formación del feto, a sobrepasado sus atribuciones y se ha apoderado del alma de la futura madre.

Ante esta situación aparece el Shaman para realizar un canto cuyo objetivo es el de limitar los abusos de Muu, para liberar el alma perdida de la paciente y así facilitar su parto. En estas circunstancias las relaciones con Muu vuelven a ser amistosas ya que se le considera indispensable en la procreación.

Según Lévi-Strauss la eficacia simbólica explica esta cura por la cual el cuerpo de la futura madre indígena resulta permeable a influjos no físicos ni químicos, sino que es afectada por palabras. Según el autor el éxito de este procedimiento requiere la convergencia de creencias desde tres perspectivas. En primer lugar la convicción del hechicero en que sus técnicas son eficaces, luego la creencia del enfermo en el poder de aquel y finalmente la participación de la comunidad en tal sistema de valores y creencias.

Desde la perspectiva sicoanalítica la identificación del Shaman al lugar que la comunidad le confiere, el de supuesto saber, produce los efectos transferencia les necesarios, para que la potencia del dicho, este influjo verbal del Shaman tenga efectos.

Existen muchos otros rituales como el practicado por los Sioux, basados fundamentalmente en esa relación del sujeto con el significante, en los que un cántico tiene la función de atraer la lluvia para las cosechas.

Pero entonces cual sería la diferencia entre los rituales de los Sioux o el del parto en la cultura Kuna, y los rituales ofrecidos por los esotéricos en la sociedad moderna.

El mecanismo es el mismo, pues para los Sioux, los Kunas, como los que creen en Walter Mercado (permítanme usar este conocido nombre), están convencidos en la potencia de la autoridad del dicho, manifestándose en este caso bajo la modalidad de ritual.

Pero dado la época en la que vivimos una diferencia es que el esotérico monitorea y comercializa este lugar que le confiere las creencias de la gente.

La diferencia es la inserción del fenómeno al sistema de mercado, la conversión de estos fenómenos como objetos del mercado, mercancía de consumo, fenómenos consecuentes con la época actual. El Esoterismo como Supuesto saber ofrece inclusive el bien más preciado para el hombre (la felicidad) como una mercancía de consumo.

Queda claro en esta aseveración que este lugar es ocupable por aquel que se presente como oráculo, y es en esa instancia que comprendemos al esoterismo como producto de esa función.

Bibliografía.

Freud Sigmund, Puntualizaciones sobre el amor de transferencia, Vol.XII, Amorrortu, Buenos Aires.

Lacan Jacques, Lectura Estructuralista de Freud, Siglo veintiuno editores, México, 1971.

Lacan, Los Cuatro Conceptos Fundamentales del Psicoanálisis, Paidós, Buenos Aires, 1987.

Magan Irene, La Transferencia, Longseller, Buenos Aires, 2004.

Millar Gérard, Presentación de Lacan, Ediciones Manantial, Buenos Aires, Argentina, 1988

Krajzman Maurice-Moshe, El Lugar de el amor en el Psicoanálisis, Ediciones Nueva Visión, Buenos Aires, 1988.

Religión, Mitos e inconsciente

Sobre el discurso religioso y la ciencia

Si Lacan en algún momento considero que el discurso religioso perduraría por los siglos de los siglos, no lo hizo porque le creyera, ni mucho menos porque dicho discurso sea infalible, sino por que como ningún otro proporciona un sentido existencial a la humanidad, que otros discursos y estos incluye a la ciencia, no logran articular.

Lacan sostuvo, que "la verdadera religión, la romana, al final de los tiempos engatusaría a todos derramando sentido a raudales sobre ese real cada vez más insistente e insoportable que debemos a la ciencia".(1)

Así entra en contradicción con Freud quien pensaba que a medida que el discurso científico evolucionarà, iría desmitificando el discurso religioso mismo que dominó por siglos y sigue influyendo el pensamiento humano de las masas. (2)

Los mitos como productos del lenguaje para comprender el inconsciente.

Sin embargo, es evidente que para el psicoanálisis: la religión, los mitos, y el inconsciente tienen una relación articulada por el orden simbólico, y en este caso el lenguaje y sus mutaciones son el hilo conductor de una realidad con doble trasfondo

Existen algunos mitos tomados por el psicoanálisis que permitieron elaborar algunos conceptos sobre el funcionamiento de la mente, como es el caso del mito de narciso, Pigmalión, y el mito de Edipo. Los dos primeros permitieron elaborar la función narcisista de lo humano, aquello que en el lenguaje cotidiano significa enamorarse de la propia imagen, aunque su profundidad conceptual sea mayor. Del mito de Pigmalión tenemos la función narcisista del amor, la cual plantea que uno se enamora de su propia imagen a través del otro. En la Metamorfosis de Ovidio, se encuentra la leyenda de Pigmalión, Rey de Chipre y escultor que se enamora de una estatua de mujer esculpida en marfil con sus propias manos. Esa estatua es su mujer ideal. Pigmalión le pide a Venus en sus oraciones que la estatua cobre vida. Venus le concede su pedido y la estatua se convierte en su esposa. (3)

Este tema ha sido explotado por el psicoanálisis para determinar la función narcisista e inconsciente del amor. De este modo Narciso y Pigmalión se disponen así como dos piezas de un mismo mosaico, semejantes y opuestas, referidas al loco amor, *au fol amour*, por una imagen. (4)

Por último, Edipo remite a la relación triangular padre, madre, hijo, y el conflicto que produce cierto deseo incestuoso inconsciente hacia la madre por parte del hijo. (5)

Mitos del cristianismo

En el caso de la religión si intentamos concebir mitos dentro del cristianismo, deberíamos desentrañar el significado inconsciente, pues como cualquier mito, el mismo presenta un contenido manifiesto, el cual representa el sentido literal y un trasfondo que subyace, que es el sentido figurativo.

Para las teorías psicodinámicas ese trasfondo es inconsciente en la medida que se trata de contenidos reprimidos, no socialmente aceptados, elementos negados de la realidad o deseos no realizados.

Dos aspectos que podemos destacar en el caso del cristianismo son el mito del héroe (6) y por otro lado las creencias relacionadas al ritual sacrificial humano.

El arquetipo del Héroe

Desde la antigüedad las leyendas de superhéroes, en algunos casos semidioses, son más que notables. En el caso de la mitología griega destaca Perseo (en griego antiguo, Περσεύς) es un semidiós de la mitología griega, hijo de Zeus o Preto y la mortal Dánae. La figura del héroe es la de ese individuo extraordinario y semi-divino que lleva a cabo extraordinarias hazañas dotado de virtudes y poderes superiores a los de los simples mortales, es una constante histórica en todas las culturas. Jesús en su condición de ser semi-divino, hijo de un Dios y una mortal se articula perfectamente a esta temática, que implica un ser con poderes sobrenaturales, capaz de vencer la muerte.

Carl Jung plantea que existe una disposición innata a formar representaciones análogas o sea estructuras universales idénticas de la psique al cual llama inconsciente colectivo (7). El arquetipo del héroe es una de esas representaciones compartido por muchas culturas desde la antigüedad hasta nuestros días a través de la narrativa. Esas formas míticas adquieren en nuestra época un atractivo explotado por los medios de masas, de allí que figuras como la de Superman, Thor, entre otros representen los héroes de la post modernidad dominada por el sistema capitalista y la sociedad del espectáculo.

Desde nuestro punto de vista el héroe representa el Ideal Humano de la inmortalidad, ante la herida narcisista que produce la conciencia de saberse un ser mortal, indefenso, impotente, incapaz de superar la muerte, y es en esa condición que aflora en la fantasía seres todopoderosos que hacen las veces de salvadores de la humanidad.

El ritual sacrificial y la expiación de la culpa colectiva

Por otro lado el sacrificio humano que es la ofrenda de un ser humano a una deidad en señal de homenaje o expiación se remontan a múltiples culturas desde la antigüedad. Los sacrificios humanos en niños/as y adultos fueron practicados en las religiones Celtas de la edad de bronce y en los rituales relacionados con la adoración de los dioses en Escandinavia, en regiones del antiguo medio oriente y de África, Europa antigua, la antigua Mesoamérica y Japón.(8)

Lo común en los rituales sacrificiales de algunas sociedades antiguas, es la función de la víctima para expiar la culpa del pueblo. Es una manifestación de la forma como una sociedad lidiaba con la culpa, o el pecado, de modo que la víctima cumple en el imaginario social la función de exorcizar a un colectivo.

Siguiendo esta línea de interpretación en la tradición judía, de acuerdo al antiguo testamento la humanidad es condenada por el pecado en el momento en que Eva y Adán muerden la manzana (9), por lo cual se requiere de un ser que realice un sacrificio por esa humanidad pèrdida para que la misma quede liberada de la culpa. De esta manera la variante del sacrificio cristiano alcanza una magnitud universal incomparable, y aunque presente ciertas similitudes con otros sacrificios humanos practicados en muchas partes del mundo, su significación es más compleja y adquiere un valor sagrado, que hasta nuestros días impacta sobre el imaginario colectivo.

Conclusión

La religión provee un sentido existencial y esperanzas, ante aquellos acontecimientos y realidades negadas o no aceptadas por la humanidad como la enfermedad, la violencia y la muerte. Su función es contener la angustia, y hacer la vida más soportable para aquellos que creen, más allá de los extremismos patológicos que algunas promueven.

Las narraciones de textos bíblicos son tomadas por la religión en sentido literal y no figurativo, por lo cual sus creencias se fundan sobre un gran fondo de ignorancia.

Desde esa óptica el psicoanálisis se presenta como un intento hermenéutico de comprender aquello que la humanidad pretende negar, o de un inconsciente colectivo, que es el trasfondo de una realidad que moviliza las creencias de las masas. En todo caso es una alternativa para acceder a ese real que Lacan plantea solo es posible alcanzar por el camino completamente preciso de la ciencia a través de las pequeñas ecuaciones

Notas bibliográficas

1. Lacan Jacques (2010), El triunfo de la Religión: precedido de Discurso a los católicos. Buenos Aires: Paidos. Pag.80

2. Referencia hecha por Jacques- Alain Miller, acerca de la paradoja Lacaniana en torno al discurso religioso.

3. Extraído del libro: El lugar del amor en el psicoanálisis, Pag. 44.

4. Krajzman Maurice-Moschè (1988). El lugar del amor en el psicoanálisis. Buenos Aires: Ediciones Nueva Visión. Pag. 47

5. Remitirse a la obra de Sofocles: Edipo Rey.

6. **Joseph Campbell** a lo largo de su obra: El Héroe de las Mil caras señaló las coincidencias entre diversos mitos, pasajes religiosos, leyendas, tradiciones y sueños personales de diversas culturas y épocas alrededor del mundo. Proponiendo el término monomito como estructura mitológica universal, aplicó los principios del Psicoanálisis como método de aproximación.

7. Fedida Pierre (1988). Diccionario de psicoanálisis. Madrid: Editorial Alianza. Pag 30

8. Se puede encontrar referencia a los diferentes practicas sacrificiales como: Michel Graulich (2005): *Le Sacrifice humain chez les Aztèques*, Fayard, París, Brown Shelby (1991). "Late Carthaginian Child Sacrifice and Sacrificial Monuments in their Mediterranean Context". Sheffield Academic Press, Rascovsky, Arnaldo (1992), El filicidio, Buenos Aires: BEAS.

9. Su historia se narra en el libro del Génesis, desde el versículo 26 del capítulo 1, hasta el versículo 2 del capítulo 5 (Génesis 1:27–5:2), la primera parte, hasta el versículo 5 del capítulo 5 (Génesis 1:26-5:5)

LA ÉTICA, PERSPECTIVAS PSICOANALÍTICAS RESUMEN

Introducciòn

En las concepciones éticas tradicionales, se concibe al hombre como un ser puramente volitivo. A partir de Aristóteles, estas concepciones se focalizarán en un tipo social ejemplar. El descubrimiento del inconsciente, y la matematización del deseo por Lacan, nos permiten identificar aspectos que nos introducen en un análisis de la moral, un tanto más profundo, sus implicaciones, y sobre todo, sus dificultades en el seno de la sociedad liberal posmoderna.

"La relación dialéctica del deseo y de la ley hace que nuestro deseo solo arda en una relación con la ley, por lo cual deviene deseo de muerte. Solamente debido a la ley, el pecado harmatía, que quiere decir en griego falta y no participación en la cosa, adquiere un valor desmesurado, hiperbólico" J. Lacan 23 de dic 1959. Nuestra meta no será establecer una ética del deseo, pero es evidente que este tema es central en la teoría lacaniana. Su tesis implica que, en efecto, la ley moral se afirma contra el placer y esta ética está focalizada, a partir de Aristóteles, en un tipo social ejemplar, privilegiado, en un ser ideal.Sin embargo, Lacan ira más allá del principio del placer, para abordar la problemática del deseo. Al final de su seminario la Ética del Psicoanálisis, Lacan hace aseveraciones fundamentales, citándolo textualmente dice: "de todos modos, para el porvenir, ahí yace el secreto del problema del deseo" 1 .

Es categórico en afirmar que la ciencia ocupa el lugar del deseo, y esto sin duda no deja de tener un motivo estructural. En otras palabras a lo que se refiere es que la ciencia es animada por un algún misterioso deseo, pero ella, al igual que el inconsciente, tampoco sabe qué quiere decir ese deseo.

Deseo, Ley y Moral

En diversos escritos Jacques Lacan le da una connotación fundamental al deseo humano, el cual, según su teoría, es un efecto metonímico (continuidad—contigüidad), por lo cual no existen objetos que en lo real puedan suturarlo por completo. Desde su perspectiva, el deseo es arcaico, en el sentido de que esta subsumido en el olvido, operando siempre a un nivel inconsciente, y por lo tanto regido por las leyes del lenguaje. Parafraseando a Massota "El deseo está determinado por la relación del sujeto infantil deseante con el deseo de la madre".2 En este caso la madre es el Otro, o sea la portadora de la cultura. La teoría lacaniana da al denominado falo un lugar primordial, como significante privilegiado. "El falo vendría a ser la premisa universal del pene, a saber la creencia infantil de que existe un solo sexo, y su testadura negativa (por donde el falo se constituye en posición inconsciente) de reconocer la diferencia"3 . Así el falo vendría a ser ese intermediario simbólico entre el hombre y la mujer, entre la madre y el niño. Todo deseo va a estar determinado por la marca fálica. Según esta perspectiva el deseo humano posee una fuerte connotación sexual.

La diferencia sexual biológico—real, y su negación infantil, conducen a la idea de un símbolo que universalice tal diferencia; en esta condición el falo ocuparía un lugar centrífugo con respecto al deseo humano. En esta instancia, ¿cuál sería la Ética del deseo? Según el planteamiento freudolacaniano el deseo en el ámbito de la sexuación, está destinado a encontrar, por medio de las operaciones metafóricas y metonímicas las marcas fálicas, de ahí que el deseo estaría así en contradicción con lo que se concibe como una moral social. Pero como veremos Lacan, elabora una teoría más refinada para abordar la problemática del deseo y su causa, y es por medio del objeto "a".

Estos objetos caídos de la relación del sujeto infantil con la madre (el Otro), relación que involucra el cuerpo y sus pulsiones (anal, oral, voz, mirada) creará en el campo imaginario, una serie fantasmática hacia lo cual se dirigirá el deseo. De allí se desprenderá una serie de objetos deseables para el sujeto, que imaginariamente obturarán lo que Lacan denomina una "falla estructural". Siguiendo este lineamiento, el deseo apuntaría hacia el fantasma de cada cual, en el caso del hombre o mujer, su carácter funcional será inconsciente. Aquí habrá ya un choque con los enfoques racionalistas, que desde Aristóteles, determinan en la cultura la concepción de un hombre que actúa según su voluntad y de acuerdo a una serie de pautas predeterminadas. Volviendo al enfoque lacaniano, el deseo estaría muy ligado a la aparición del lenguaje, pues sólo es a través de la inserción en la cultura, a través de la renuncia al primer objeto prohibido (la madre) que el sujeto será deseante. Las operaciones serán aquí del orden de lo lingüístico, por sustituciones y desplazamientos.4

El Deseo y la Culpa

En la ética del psicoanálisis Lacan establece la relación entre deseo y culpa, que es fundamental para la comprensión de las religiones. Lo ético y antitético se podría considerar como posibilidad de articulación lingüística, en la medida en que pertenece a códigos socio-culturales específicos, a que es efecto de discurso, de una articulación del hombre según las coordenadas de su cultura. Así la culpabilidad es constitutiva; el ser humano es un ser culposo, y lo que lo introduce a la cultura es la culpa, a través de las formas más básicas de prohibición. Del mismo modo, se puede sugerir la idea de que un Dios único (monoteísmo) esta ligada a la forma más básica de escritura. En investigaciones recientes el antropólogo italiano Eduardo Borzatti, plantea la existencia de una cultura del oriente próximo, que trajo consigo la tradición monoteísta a Mesopotamia, milenios antes de que nacieran los grandes reformadores, que intentaron formalizar el culto a un Dios único, como Akhenatón y Moisés. Estos podrían ser los signos ideográficos mas antiguos, en cuyas representaciones aparece la figura de un ser divino tallado en roca.

Esta forma de protoescritura que reconoce una forma de sintaxis gramatical, es solo una idea referencial, que nos permite establecer una íntima relación entre lenguaje—escritura y religión, a la idea del Uno como constitutiva, en este caso el Otro (Dios), ese lugar donde algo habla, idea también desprendida de las referencias al seminario "Los Nombres del Padre" de Lacan"5 .

La Dialéctica del Deseo y de la Ley

En la Ética del Psicoanálisis, Lacan pregunta "¿Acaso la ley es la cosa? ¡Oh no! Sin embargo solo tuve conocimiento por la ley. En efecto no hubiese tenido la idea de codiciarla. Si la ley no hubiese dicho: "Tu no la codiciaras". 4

Pero la Cosa encontrando la ocasión produce en mi toda suerte de codicias gracias al mandamiento, pues sin la Ley la Cosa esta muerta".6 Para Lacan la ley es un significante, y en tanto significante, este aporta un sentido para el sujeto. En este "Sentido" se localiza lo prohibido, y lo prohibido crea un deseo, en esta dirección Lacan dice: "La verdad del deseo es por si solo una ofensa a la autoridad de la ley, es decir que no se trata de la pura y simple satisfacción natural, los objetos de los que se trata son objetos precisamente prohibidos".7 Si el incesto de hecho es una de las formas más arcaicas de prohibición, es conocido que bajo otras creencias e interpretaciones del mundo, el incesto en ciertos grados es posible. Por ejemplo: En el proceso de formación del pueblo Judío, Dios impulsa a los "Patriarcas" a formalizar relaciones condenadas por el mismo como abominaciones que deben castigarse con la muerte y de dichos comportamientos nacen las doce tribus de Israel. ¿A que se deberá esta contradicción?

La explicación de este fenómeno se centrará en ciertos mitos de las culturas antiguas, en las que los linajes (jerarquías) sólo se transmitían por línea materna y que estos provenían de los dioses dándoles un sentido celestial a dichos orígenes. Este mito era característico de las culturas sumerias, caldeas, babilónicas y egipcias y posiblemente se transmitieron a las tradiciones patriarcales Israelitas. Según este mito las normas que regulaban las relaciones sexuales de los jerarcas, no eran las mismas que regían las conductas del resto de la población. Por ello Lacan va mas allá al hablar de la ley no refiriéndose a la ley moral, sino a la ley del Otro, ese Otro, que también Lacan ubica como deseo, deseo del Otro: Otro que contiene sus leyes por antonomasia. En este sentido entendemos que el sujeto que habla es regido por las leyes metonímicas y metafóricas (las fundamentales). Es decir, el sujeto hablante es regido por leyes que ordenan y regulan las relaciones significantes, pues este sujeto es representado por significantes, condición que permite la interacción—comunicación entre semejantes (ínter subjetiva).

Según Marc Strauss la inscripción de la ley en el sujeto," es la inscripción de la ley fundamental, la cual engloba las leyes del intercambio simbólico, la generación al reconocimiento del sujeto como sexuado y mortal"8. Por ello tomé de referencia el ejemplo anterior, para visualizar la fuerza del mito—ritual, que es consecuencia de la estructura del ser hablante, frente a lo que se prevé como una prohibición (ley moral)

Lo interesante es, sin caer en un logo centrismo, observar la relación intrínseca Ética—Lenguaje. Desde la perspectiva de la teoría critica (Habermas). Pedro Rojas hace algunas referencias que se alinean con lo que tratamos aquí9. Según su planteamiento "La Ética del lenguaje, es una propuesta que pone de manifiesto que, en el caso pragmático del lenguaje tal y como se realiza en la ínter subjetividad humana, esta vigente una dimensión ética que no puede ser ignorada ni preterida".10

El Padre Simbólico y la Ley Moral

La figura del padre a nivel de la familia como unidad social, ha sido considerada la representante de la autoridad de la ley. En los sistemas patriarcales como el de la antigua Roma, el Pater—Familiar tenía la función de inculcar en sus hijos varones valores y creencias de carácter moral. Sin embargo, la transmisión de generación en generación de costumbres y creencias, ha sufrido significativos cambios, el padre como figura de autoridad ha perdido su lugar simbólico, existe parafraseando a la psicoanalista Maluff "Un déficit en la función prohibitiva del padre".

¿Hasta qué punto este déficit influye en la transmisión de valores ético—morales en la familia? ¿Al decaimiento y anacronismo del decálogo mosaico—hebreo como modelo de conducta en la cultura cristiano-occidental? La caída del patriarcado y la irrupción del feminismo, ¿de que forma modifica los viejos esquemas familiares e introduce nuevas formas de convivencia? La institución familiar sufre cambios en la medida en que el rol de la mujer es recodificado en la sociedad laboral. El problema de la sexuacion, y el intento por disipar las diferencias en el intercambio y la relación hombre-mujer se acentúa a mitad del siglo pasado. La figura patriarcal tuvo una preponderancia por siglos y su incuestionabilidad estaba marcada por la honorabilidad, significante amo en el medio aristocrático. Estas modificaciones en el sistema social, en los intercambios de los seres sexuados, así como las influencias intelectuales a partir de la época ilustrada, serán según mi criterio determinantes en el ámbito ético. Cuando Lacan toma el tema de la "Muerte de Dios" hace referencia a la muerte de la mirada de Dios. En todo caso este fenómeno intelectual en cierto sentido lingüístico, marcaría un momento histórico donde el mundo quedaría simbólicamente excluido de esta mirada censuradora—reguladora, que tuvo una gran influencia en el medioevo, y donde también se cometieron excesos.

En esta dirección, ¿Estaría lo religioso muy ligado a lo moral? Y en este sentido, el Discurso Axiológico es un intento por desmitificar esa idea? Retomamos los conceptos de Dios: para Freud Dios es el padre muerto, elevado al nivel del padre ideal. Relaciona el origen de la ilusión religiosa con el parricidio (asesinato del padre), reconocido bajo unas normas mitológicas y repetido por situación en el banquete totémico. Para Lacan, Dios es inconsciente, es el lugar del Otro, donde ello habla, representante no de un padre muerto, sino más bien representado por una marca, un nombre. 11 Esta marca que lo nombra, pero a la vez lo hace impronunciable, en otras palabras "Sagrado". Es lo elevado al nivel de lo ideal, y el padre en cierto sentido equiparó este lugar en las significaciones sociales, función que articulaba cierto poder en el decir, una palabra investida de poder y autoridad.

Lacan ya preveía en un momento de su evolución teórica, que la desmitificación del discurso del padre traería como consecuencia el escenario de la familia y su crisis en la época actual. Esta desmitificación es parte del desarrollo científico, un discurso que decodifica continuamente el pensamiento humano. Aunque preveía una duración extensa de la religión cristiana, observaba ya en su época el paso de una sociedad puritana a una libertina.

Como verán en un próximo subtema, el discurso científico jugará un papel importante en la desmitificación de los saberes, pero a su vez en las costumbres sociales.

El Racionalismo y la Ética (omisión de lo inconsciente)

La época de la ilustración y el florecimiento del racionalismo, serán momentos históricos que marcarán cambios en el pensar del hombre. ¿Cómo articular un pensamiento moral a premisas racionales que no conduzcan a una voluntad totalitaria de la razón? La época ilustrada marcará en la historia, cambios radicales en el pensamiento moral, tan determinantes a nuestro criterio que podríamos hablar de un antes y después en relación a este momento histórico. En La Crítica de la Razón Práctica, Kant trata de producir leyes que demuestran un valor universal para que normen las acciones de los hombres, la razón práctica significa hacer de la moral una práctica razonable, una practica incondicional a la razón.

Sin embargo, es en este ámbito donde, en extremo, un apego ciego a la ley o en otro sentido incondicional, la ética y la política se encuentran para producir los excesos, que en la historia han marcado, por ejemplo las tiranías. En este sentido la idea del "todo" en el juicio universal aristotélico y kantiano, por definición, imposibilita considerar la existencia de lo singular. Desde esta tesis se podría inferir que en función del bien se podría matar a todo el mundo con el objeto de preservar el universal.11

Citando a Max Horkheimer, según la teoría critica "partiendo del punto de vista del positivismo, no se puede llegar a una política moral. Visto bajo el aspecto meramente científico, el odio no es peor que el amor a pesar de todas las diferencias socio—funcionales".12

Si analizamos cuidadosamente; Lacan hace convergencia en "Kant con Sade" sobre textos aparentemente disímiles. Según Lacan siguiendo a Kant, el mundo Sadiano es concebible, pues lo que pretende Kant es eliminar todo elemento sentimental a ley moral, deduciendo un hombre programable según su voluntad y razón, partiendo de este modo de un enfoque aristotélico que define al hombre como un ser puramente volitivo, una unidad total como un ser que puede actuar de acuerdo a una serie de pautas predeterminadas, una especie de ética robótica. Es allí donde el psicoanálisis derrumba tal concepción al concebir al inconsciente como un producto estructural, aunque en política se siga obviando esto.13 Así, el racionalismo presenta un tanto de violencia al intentar incluirlo todo, es decir en este ámbito a la ley moral. Según lo indica Rolando Karothy: "Esta pretensión de universalidad, también revela que el carácter de semblante de lenguaje es el callejón sin salida en que desembocan las éticas tradicionales".14

Si se leen a Sade en su intento de totalización, se darán cuenta que para él, el cuerpo es una materia organizada, parte de un sistema interactivo de la materia, este enfoque materialista—mecanicista es producto de un racionalismo, que en el medio científico es mas evidente. Tenemos el ejemplo de Frankenstein. El doctor Víctor Frankenstein es el hombre de la razón, el hijo legitimo de las luces (época de Kant) y su razonamiento explícito es el siguiente: "Puesto que puedo crear nueva vida a partir de la muerte es lícito efectivamente que lo haga".

La Ética en la época Posmoderna

La época actual es un resultado inevitable del auge científico-racional, haciendo posibilidades de lo que antes era inimaginable, y es allí donde Lacan asevera que algo escapa a la ciencia, y es ese sujeto del deseo que los teóricos pretenden anular. Observen que al dar un paso más allá, por ejemplo en el actual estudio de genoma humano, los propios científicos, reconocen que ellos mismos desconocen las consecuencias de tal suceso. Jurgen Habermas, en un artículo sobre los bebés probetas, se refiere a la posibilidad, tras el dominio del código genético de la manipulación de la humanidad. Lyotard, a su vez, manifiesta la actual y creciente puesta al servicio de las necesidades pragmáticas del aparato político y económico, del saber científico, lo cual califica de peligroso."15 Volviendo a Kant, la voluntad en el sentido de una ética, proviene de un Bien Supremo, una Ley universal que rija las acciones de todos, mientras en Sade es la naturaleza, una Ley natural que ordena gozar. En la época actual el mercado sería el punto donde se encuentran ambos criterios de la ley, para producir lo que entiendo como: La ética del mercado. Veamos el siguiente esquema:

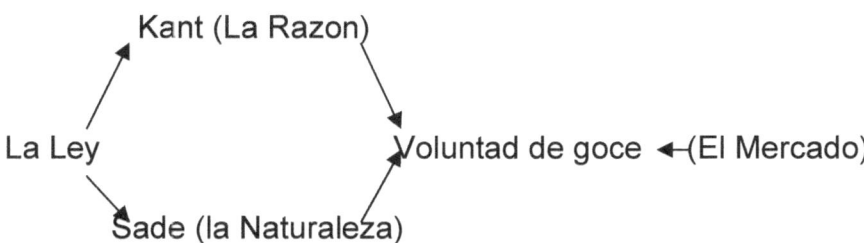

La totalidad en Kant (la Razón), La totalidad en Sade (la naturaleza), equivale a una idea de lo absoluto, este absoluto el mercado, significante amo, privilegiado, junto al discurso científico marcara el sentido; una ética como efecto de un discurso, es decir el amo y su discurso ético. De hecho en la nomenclatura lacaniana se destaca el discurso del Amo como discurso totalizante; en la política esto tendrá sus efectos desastrosos y sólo habría que remitirse a la segunda guerra mundial, y el discurso nazi fascista, el cual no admite singularidad alguna, en el caso de la raza, aquí lo distinto es negado o aniquilado. En el ámbito actual, lo singular político económico, producirá invasiones, guerras, con el afán de universalizar todo el sistema en uno solo, racionalizado por el discurso maniaco triunfante de la perfección del sistema imperante. A nuestro criterio, lo que dirige a la humanidad es una ética del mercado conectada cada vez más al saber científico, haciendo posible hablar de una ética perversa. Nótese que el mundo actual es una aproximación de ese mundo sadiano, a ese mundo que abre las compuertas del todo es posible, donde la corrupción corroe todos los sistemas de vida.

Es observable el desarrollo de la tecnología como herramienta, para alimentar toda una serie de fantasmas prohibitivos, una erótica sin limites y la destrucción virtual, por ejemplo perversiones sexuales como la pedofilia con fines comerciales, conversión explicita de todo elemento humano en mercancía de consumo.

Henrik Ibsen, un dramaturgo noruego, del siglo XIX, ya nos hablaba de las consecuencias de la revolución industrial. Para él la moral y el mercado no pueden ir de la mano, Ibsen es el enemigo de la hipocresía, y en esta frase manifiesta su malestar: "Traficamos con inmundicias y podredumbre: Toda nuestra vida social, tan floreciente se basa en una mentira atroz" 16. En su obra titulada Un Enemigo del Pueblo, muestra cómo la verdad en un sentido u otro es desarticulada, enmascarada por las directrices del mercado, por una ley que sigue sus lineamientos propios y contradictorios con la Ley moral. Resultado de este patrón son los impactos ecológicos que ha producido una retórica basada en el progreso lineal, y que no prevé las consecuencias para la humanidad a largo plazo. De ese modo la política se articula a un sistema teledirigido por las leyes del mercado. Por ello es posible observar que el discurso político, en cierta medida tiene algo de perverso, es un producto de su época, un discurso globalizado, totalizante. Alejado de toda discusión ideológica, y alineado a una voluntad suprema, por ejemplo, las instituciones financieras internacionales, a una postura donde convergen lo natural y lo racional. Como pueden observar las virtudes del sistema trae consecuencias secundarias. Siendo en todo caso esto concluyente, toda tesis trae incluida su propia antítesis, su negación.

BIBLIOGRAFÍA

1- Lacan Jacques, La Ética del Psicoanálisis (1959-1960), Ediciones Paidos, Buenos Aires, 1988. Pág. 386.
2- Massota Oscar, Ensayos Lacanianos, Editorial Anagrama, Barcelona, 1976. Pág. 167.
3- Ídem, Ibíd., Pág. 161-162.
4- Safouan Moustafa, El Estructuralismo en Psicoanálisis, Editorial Losada, Buenos Aires, 1975,.Pág. 78.
5- Lacan Jacques, Seminario: Los Nombres Del Padre, clase única, 1963. Pág. 7.
6- Lacan Jacques, La Ética del Psicoanálisis, Pág. 103.
7- Lacan Jacques, Acerca del deseo y su Interpretación, Seminario, Pág. 15.
8- Millar Gerard, Presentación de Lacan, Manantial, 1988. Pág. 59.
9- Rojas Pedro, La Ética del Lenguaje: Habermas - Levinas, Revista de Filosofía, 3 a época, Vol. XIII (2000). Pág. 1
10- Ídem, Ibíd. Pág. 2.
11- Lacan Jacques, Seminario: Los Nombres del Padre, 1963. Pág. 8.
12- Horkheimer Max, A La Búsqueda del Sentido, Ediciones Sígueme, Salamanca-España, 1976. Pág. 105.
13- Ídem, Ibíd. Pág.106.
14- Karothy Rolando, El Deseo del Analista, publicado en Freud-Lacan.com, 2002. Pág. 1.
15- Follari Roberto, Epistemología y Sociedad, Homo Sapiens Ediciones, Argentina, 2000. Pág. 14.
16- Ibsen Henrik, Un Enemigo del Pueblo, Longseller, Argentina, 2003. Pág. 8.

CAPITULO III

PSICOANÀLISIS EN LA PRÀCTICA CLÌNICA

El sueño como elaboración de lo inconsciente

" Un sueño te despierta justo en el momento en que se podría soltar la verdad, de modo que solo nos despertamos para seguir soñando, soñando en lo real, o para ser más exactos, en la realidad" (1)
J . Lacan

I. EL SUEÑO Y LO REAL

Hay que remitirse a Matrix y observar en este mito científico lo que en realidad opera como un sueño, y lo que en el sueño se percibe como real.
Es posible afirmar ente todo que el sueño le permite actuar al sujeto, fuera de las barreras o limites del cuerpo.
Los límites del cuerpo son borrados en la operación del sueño, en Matrix el sujeto hace lo imposible en la realidad, en relación a los movimientos del cuerpo y las leyes físicas que regulan estos movimientos.
Esto se traslada a la realidad a través del desarrollo tecnológico y la relación del hombre con las maquinas, el sujeto barra los limites dl cuerpo, al insertarse en una maquina como significante, operando en el espacio-tiempo sin límites.
Por ello la ciencia es un cumulo de sueños, sueños diurnos que Freud llamo fantasía y que se constituye en el motor actual de la cultura del "todo es posible".

El deseo es el motor principal del sueño, y es en función de él, que se articula una cadena y proceso que se caracteriza por cierta autonomía donde se organiza y reorganiza significantes y significados, produciéndose información inaccesible para el sujeto en estado de vigilia.

El caso de Einstein, en lo que denomina una revelación de Dios en el sueño, es el ejemplo más evidentes que nos muestra como el sueño opera: como un productor de información.

Lo que el sujeto inconsciente elaboro en el sueño es comprendido o capturado en el discurso consciente de Einstein concluyendo en un razonamiento. En esta lógica autonómica del significante, el inconsciente es productor de lo imposible durante la vigilia, en este caso la elaboración de una formula.

En una conferencia estructuralista lacan afirma "el inconsciente es eso que piensa, es un pensar con palabras, con pensamientos que escapan a nuestra vigilancia, a su estado de alerta". (2)

Precisamente en el estado en el estado de sueño tal vigilia es prácticamente nula, y es este sujeto del inconsciente que opera para trasmitir algo, algo que por ejemplo quedo latente (por decir), y por qué no, por hacer (ejecutar), por ello se dice que lo que quedo, cortado, interrumpido, en el sueño se restablece.

Con respecto a la relación del sueño y lo real lacan realiza algunas acotaciones en los cuatro (4) conceptos fundamentales del Psicoanálisis.

"si la función de sueño es permitir que se siga durmiendo, si el sueño después de todo, se puede acercarse tanto a la realidad que lo provoca, ¿ no podemos a caso decir que se podría responder a esta realidad sin dejar de dormir?; al fin y al acabo existen actividades sonámbula". (3)

Lo que el cuerpo en realidad experimenta puede ser trasmitido en el mensaje del sueño.

¿Que despierta? ¿No es, a caso el sueño otra realidad? "esa realidad que Freud describe así: " Das Kinddas an seinem bette steht, que el niño al lado de su cama; ihn am sim fast, la toma por un brazo y le murmura con todo reproche ; und ihm vonwuresvoll zurant: váter, sichstdu dennieth,frade, ¿acaso no ves, das ivh verbrenne, que ardo? ". (4)

Este mensaje tiene más realidad que la realidad de lo que en habitación está pasando al niño y pasa por estas palabras, la realidad fallida que en este famoso caso relatado por Freud, causo la muerte del niño. De este modo podríamos hablar de una realidad en el sueño que no esta tan distante de eso otro que suponemos real.

De una realidad en palabras e imágenes, pero que no alcanza en su totalidad a lo real, pues existe algo irreductible que no es representado en lo simbólico, por ello en el sueño al igual que en el discurso consciente algo se escapa.

En este juego de palabras, o que intenta lacan mostramos es de que el sueño aparecen verdades que, en la vigilia olvidamos, de modo que el despertar   significa seguir soñando.

En este trasunto entre lo que se supone real y el sueño, el inconsciente elabora. Es esta verdad que aflora en el sueño de un padre que olvido en la realidad a su hijo.

Por otra parte la producción de grandes ideas en el sueño nos muestra esa relación con la realidad a partir de cierta lógica, una relación en la que una combinación significante, cobra un sentido aplicable a lo real, al menos para decir que lo real como lo muestra las ciencias físicas es alterable, a partir del símbolo matemático, mostrando desde esta perspectiva la primacía del significante.

Sin embargo, cabe aclarar que al principio de su enseñanza Lacan no hace una diferencia entre realidad y real, sino posteriormente, haciendo la explicación de que lo real es eso que siempre retorna al mismo lugar, es inamovible, pero a la vez un imposible.

Lo Real solo puede ser representado, y en esta representación se elabora un discurso que es una interpretación.

En otras palabras podríamos decir que si la verdad es una narración, es lo mismo decir, que la realidad es una interpretación, así lo real es eso inherente a la estructura; sobre el construimos la realidad, es sobre lo que cae un discurso, pero que siempre remite a un imposible.

II. LO INCONSCIENTE EN FREUD Y LACAN

Si hay algo que nos revela el inconsciente es el sueño. Por su estructura se muestra en el aparente caos de las imágenes (visibles y audibles), las operaciones lingüísticas que de igual forma funcionen en la vigilia. En una lectura cuidadosa encontramos ciertas diferencias en lo que se entiende como inconsciente en Freud y Lacan. Para Freud el inconsciente es la consecuencia de una represión original, primaria, a partir del momento en que el sujeto tiene que renunciar a sus deseos incestuosos.

Es la represión el mecanismo que producirá un estrato en el psiquismo, donde residirán los deseos rechazados. (deseos preconscientes e inconscientes)

El encuentro del cuerpo biológico del niño y sus pulsiones, con la ley Moral, producirá este inconsciente como una especie de basurero donde irá a parar todo lo rechazado por la conciencia.

La elaboración estructural de Freud nos muestra, la manera en que a su criterio se estructura lo que él denomina inconsciente.

En esta interacción el inconsciente será el producto de los deseos reprimidos y el yo será el organizador, controlador, el cual mantendrá una especie de equilibrio o economía psíquica entre el Id y ek superyo.

Para Lacan el inconsciente es por esencia estructurado como un lenguaje es un sujeto que se produce a partir de alienación que él llama " alienación Fundante". Por ello para Lacan si el inconsciente es un sujeto, su autonomía se manifiesta en lo cortes del discurso consciente, en lo que él llama pulsaciones, las cuales aparecen de manera instantáneas e inesperadas.
Así el inconsciente en Lacan es interpretado como el producto del ingreso del individuo al orden significante, al mundo del lenguaje y no la consecuencia de deseos reprimidos.
Este inconsciente es estructural por el simple hecho de considerar que en el intervalo entre el sujeto del enunciado y el sujeto de la enunciación, hay una falta y es en esa ruptura que se produce lo inconsciente. Gira en torno a la discontinuidad, al corte, a la falla de lo consciente, pero indicado a su vez, que eso (el inconsciente) habla y funciona de manera tan elaborada como a nivel de lo consciente, el cual pierde así lo que parecía ser privilegio suyo.
Los fenómenos que para Freud son objeto de estudio (Lapsus, chistes, sueños) y a los cuales Freud designa como manifestaciones del inconsciente, son los mismos tomados por Lacan, pero con la diferencia de que para Freud los mismos tienen como motor la represión de los deseos.

De este modo desde una perspectiva freudiana el sueño tendrá como función principal la realización de deseos, mediante dos operaciones fundamentales: el desplazamiento y la condensación, los cuales permitirán evadir como dicen burlar la censura (prohibición).

Mientras Lacan aplicara conocimientos en lingüística para demostrar cómo opera el sueño y las leyes que lo regulan.

La verdichtung, una condensación como lo indica Lacan: "es una estructura de sobre imposición de los significantes donde toma su campo la metáfora y cuyo nombre por condensar en sí mismo la Dichtung, indica la con naturalidad del mecanismo a la poesía, hasta el punto de que envuelve la función propiamente tradicional de esta". (5)

Lacan simboliza dicha estructura metafórica con la siguiente fórmula:

$$f\,(S...S)\ S\quad S\ (--)\ s$$

Por otra parte "la Verschienbung o desplazamiento, es más cerca del término alemán, ese viraje de la significación que la metonimia demuestra y que desde su aparición en Freud se presenta como el medio del inconsciente más apropiado para burlar la censura". (6)

Dicha estructura la simboliza así:

$$f\ \left[\ \dfrac{S'}{S}\ \right]\quad S\quad S\left\{(+)\ s\right.$$

Lacan hace una metáfora, mediante una comparación interesante de lo que para él es el sueño: Digamos que el sueño es semejante a ese juego de salón en el que hay que hacer adivinar a los espectadores un enunciado conocido o su variante, por medio de una puesta en escena muda.

Para Lacan el estudio que hace Freud confirma que el mismo sigue las leyes del significante. Vemos así que Lacan realiza una lectura estructuralista del Traumdeutung, obra freudiana la cual es cumbre para comprender como funciona el inconsciente y es en esta lectura, en esta óptica, donde emergen ciertas diferencias en la forma de concebir el inconsciente.

III. DE LAS OPERACIONES LINGUISTICAS EN EL SUEÑO:

El análisis de los sueños de Freud gira en torno a la idea de que son un texto jeroglífico, texto que el interpretador tendrá la misión de descifrar, conociendo ante todo la historia del sujeto, así como las leyes que reglan el lenguaje.

El sueño es un texto a descifrar, el cual muestra imágenes (escena muda), las cuales encadenadas indican una significación, significación que se desliza. Esta elaboración del texto del sueño muestra su retorica muda, pero en la cual se manifiesta la variedad de leyes que operan no solo a nivel del discurso consciente, sino también inconsciente. Ya con respecto a la elaboración secundaria (la narración de lo soñado), Lacan menciona: elipsis y pleonasmo, hipérbaton, silepsis, regresión, repetición, aposición, tales son los desplazamientos sintácticos, metáforas, catacresis, antonomasia, alegoría, metonimia y sinécdoque, la condensación semántica, en las que Freud nos enseña a leer las intenciones ostentativas o demostrativas disimulatorias o persuasivas, retorcedoras o seductoras, con que el sujeto modula su discurso onírico".(7)

En este discurso onírico o elaboración secundaria como la llama Freud, el sujeto nos habla de eso que experimenta en el rebús, de eso que se muestra en su sueño, pero a expensas de todas las derivaciones, variaciones o desviaciones posibles que operan en el intervalo entre el mismo acto (soñar) y el acto de hablar del mimo. Se trata en toda instancia de definir la tópica del inconsciente, que según Lacan es la misma que define el algoritmo.

$$\frac{S}{s}$$

Pues el análisis del sueño no pretende darnos como resultado otra cosa que las leyes del inconsciente en su extensión más general, leyes que pertenecen al campo del lenguaje y que por tal razón nos indican cómo está estructurado el inconsciente. Es importante observar como estas leyes hacen del sujeto presa, produciéndose esta dicotomía a nivel de su discurso, creando esta relación consciente –inconsciente y mostrando como bajo esta condición, lo inconsciente goza de cierta autonomía.

IV. SOBRE LOS SIMBOLISMOS SEXUALES Y LOS MITOS

A partir de lo anterior retomaremos algunas de las ideas freudianas que nos permiten introducimos en la semiótica del sueño.

Freud interpreta simbolismos del sueño y nos enseña los mecanismos que operan en la relación entre significantes (representaciones) y objetos. La sustitución de una palabra por otra al margen de un objeto evoca una palabra o viceversa. La sustitución de una palabra por otra (en el sueño), sirve para ocultar un significado. La imagen de un objeto puede implicar una doble significación, remitiendo tal imagen a otro significante.

Para Freud en estas sustituciones y combinaciones se encuentran las explicaciones a muchos sueños que tienen un contenido sexual, pero que por razones de censura están desplazados a otros contenidos.

Según Rikli la realización de deseos y el simbolismo en las fabulas sigue leyes descubiertas en el sueño por la investigación psicoanalítica.

En la formación de los mitos se hallan los mismos mecanismos que el estudio del sueño revela. Es por esta razón que Freud nos habla del mito Edipico, a partir del cual desarrolla el complejo de Edipo, mecanismo que opera en la relación padre – madre –hijo, y que en el mito edipico muestra las desviaciones y desplazamientos que operan inconscientemente para ocultar un deseo latente.

Esto también nos revela como en la fabula o en la literatura el inconsciente estructurado como un lenguaje produce texto.

Freud elabora una lista de palabras con sus respectivos sustitutos en los que se une el mismo significado. Por ejemplo: los símbolos de los genitales masculinos: cabello, abrigo, sombrero, etc. Los genitales femeninos: cajas, coches, hueco, chimenea, vivienda, madera, jardín, etc.

Muchos de estos símbolos se encuentran en los mitos, remitiéndose a símbolos sexuales. Por ejemplo: la chimenea por lo que la cigüeña deja caer al niño se convierte en un símbolo femenino y el destornillador es un símbolo fálico.

"Nuestras actuales costumbres idiomáticas conservan gran parte de los símbolos sexuales del fuego, pues hablamos del fuego del amor, de una pasión ardiente" (8). Para Freud el conocimiento de estos simbolismos le permite hacer las interpretaciones más correctas de los sueños de sus pacientes. En nuestra cultura el conocimiento de estos simbolismos es esencial para realizar las interpretaciones adecuadas del sueño de un sueño de un sujeto, pero sin dejar de obviar su historia y mitos familiares del cual proviene.

V. DEL DESEO NO-REALIZADO

Lacan propone que el inconsciente debe concebirse ante todo como lo no realizado en el sujeto. Desde esta perspectiva el inconsciente se estructura en función del futuro, gozando de una extraña temporalidad, la cual para Freud es inexistente pues para él, el inconsciente no conoce tiempo. A partir de esta idea podríamos sugerir que la atemporalidad del inconsciente se debe a que existen a su estructura la unicidad de los tres tiempos que en el discurso consciente se entienden como: pasado – presente – futuro. A partir del advenimiento del niño al lenguaje se inscribe la existencia de un sujeto que tendrá su propia historia. Cada momento vivido será pasado, pasado que según Freud tendrá su incidencia en el presente, pero que a la vez combinados producirá un futuro, futuro que se puede construir a partir de una fantasía.

El deseo no realizado, será suspensión, corte que de alguna manera tendrá por una vía retroactiva, función en el futuro. A través de una cierta direccionalidad y a la vez construyendo fantasías, posibilidades que recaerán en el campo de lo imaginario.

Así el sueño en este aspecto guarda relación con los deseos no realizados, una función de completud, lo que queda suspendido, encontrara solución por otras vías.

En la interpretación freudiana: la prohibición es la barrera de la suspensión, sin embargo a nuestro criterio este enfoque reductivo no es suficiente para indicar la complejidad de este fenómeno que es consecuencia inevitable del nacimiento del sujeto al lenguaje.

Por ello hacemos énfasis anteriormente en que una de las funciones del sueño es la de restablecer lo interrumpido, que el mensaje pase. Esta función del sueño es también función homeostática equilibrante, ya que produce una especie de depuración o economía en el aparato psíquico.

Para nosotros lo no realizado se da no solo por las vías del discurso, cortado o suspendido en el discurso, sino también por las vías de la realidad y su relación con el sujeto y los límites que le impone la realidad. Esta limitación producirá las compensaciones futurísticas de los mitos modernos (Como Matrix), pero a la vez abre la posibilidad, a través del discurso científico, de crear una realidad, es decir la realización de sueños. Así es evidente la conjunción ineludible entre la ciencia, el mito y los sueños, elementos todos estos que quedan operando bajo las leyes del significante.

Para Lacan el inconsciente es futuro indicando que es posibilidad, aspiración y no solo repetición que en el enfoque freudiano tendrá mayor relevancia. Es posibilidad de construcción de algo nuevo para sí, razón por la cual tomamos de referencia el sueño de Einstein. Pero por otro lado una lectura adecuada a sus contenidos a través del sueño, permitirá liberar a un sujeto a las compulsiones o factores perturbadores que lo limitan.

De esta manera hemos mencionado dos polos opuestos, por un lado el limitante, el perturbador, el de la repetición y el síntoma; y del otro lado el creativo, ambos elaboraciones inconscientes en el sueño.

VI. LA INYECCIÓN DE IRMA Y LA HERIDA NARCISISTA

Para Freud "el sueño es el acabado fenómeno psíquico y precisamente una realización de deseos sin desmeritar la posibilidad de que otros factores se presenten como la realización de un temor, la reflexión y / o la reproducción de un recuerdo". (9) Sin embargo paralelo a estos factores, introducimos el término " compensación narcisista" que ejerce el sueño o digamos el sujeto en el sueño para dar sentido a una realidad no aceptada o rechazada.

El narcisismo es el producto de una operación de desdoblamiento del yo (el yo como objeto, una relación dual), punto ilusorio, concentración de la carga libidinal hacia el propio yo, amor por la imagen propia, etc.

Lacan le da un importancia relativa al yo, considerándolo el producto de identificaciones, cumulo de identificaciones, algo de por si volátil, ligero, algo que se constituye en una serie de mascaras y que pertenece al campo de lo imaginario, pero cuya finalidad es la de dar continuidad al sujeto histórico, organizar y crear una ilusión de armonía y control. Control y organización que no es posible en la psicosis y que en el sujeto normal y neurótico tendrá una importancia relativa en dos direcciones:

- El Yo ideal
- El ideal del Yo

El ideal del yo es ese punto referencial, punto ideal, desde el cual el sujeto se verá, como visto por el otro, lo cual le permitirá sostenerse en una situación dual satisfactoria para él desde el punto de vista al amor. Para Lacan es importante en este sentido entender la función del objeto a, que puede ser idéntico a la mirada, siendo en la hipnosis donde en un mismo lugar este objeto se superpone al punto de referencia significante ideal del yo.

La operación narcisista en el sueño tiene una función compensatoria. En el análisis del famoso sueño de Freud "la inyección de Irma" en la narración de Freud se evidencia su frustración y desilusión por la incapacidad para terminar de manera satisfactoria el caso.

Por un lado el cuestionamiento del Otro, rol jugado por los colegas y por otro lado la insatisfacción de la propia paciente. Este fracaso, humillación afecta el yo ideal de Freud produciéndose en el sueño la operación narcisista compensatoria.

Si es cierto que Freud analiza cuidadosamente los elementos que giran en torno a la realización de deseos en el sueño, también nos habla de venganza, agresividad, mostrada hacia uno de los colegas que lo cuestionan.

A pesar de que podríamos interpretar que lo latente se origina por la inconclusión del caso, por el corte, lo suspendido; también el fracaso y la humillación a los que son expuestos el yo narcisista de Freud, originan una nueva construcción. Por ejemplo: en el sueño Freud atribuye los dolores de Irma a factores orgánicos.

En la elaboración secundaria nos dice: "si los dolores de Irma son de origen orgánico no me hallo obligada a curarlos. No es mi culpa. Mi tratamiento solo suprime dolores histéricos", parece como si realmente desease hubiera un error en el diagnostico, pues entonces no se podría reprochar fracaso alguno. (10)

En esta cita mencionan las palabras "culpa" y "fracaso" motores principales del sueño de Freud, a la vez indicando las operaciones narcisista y lingüísticas que intervienen en el sueño.

Si un deseo no realizado es un motor primordial en la construcción onírica, la relación del sujeto con el Otro, así como las relaciones imaginarias del yo con el semejante, y las operaciones que intervienen en estas relaciones y discursos, son importantes para comprender el sentido de un sueño.

En el sueño cumple bajo esta óptica una función homeostática, en la cual se establece un circuito entre el discurso consciente, en la que se trata de armonizar lo interrumpido o rechazado en la realidad.

Aquí la censura o prohibiciones en la que Freud hace énfasis desde perspectivas moralistas relativas a la cultura y lo sexual, solo serán parte o una forma más de producir estos cortes o interrupciones que retornaran como lo explica Lacan, de forma transmutada, en las formas elaboradas del inconsciente como el sueño, en estas pulsaciones, en este intervalo entre abertura – cierre, en las cuales el mensaje pasara de una forma novedosa y actualizada para el sujeto.

NOTAS

1. Lacan Jacques (1969-1970), el reverso en psicoanálisis, ediciones paidos, buenos aires Barcelona México, 199. Pag.60 2.
2. Richard Mackesey, Eugenio Donato, los lenguajes críticos y la ciencia del hombre. Controversia estructuralista, barral editores, Barcelona, 1972.
3. Lacan Jacques (1964), los cuatro conceptos fundamentales del psicoanálisis, Ediciones paidos Buenos Aires – Barcelona- México, 1987.pag.66
4. Idem, ibid. Pag. 66
5. Lacan Jacques, lectura estructuralista de Freud, siglo XXI editores, México, 1971
6. Idem, ibid. Pag.67
7. Lacan Jacques, lectura estructuralista de Freud , pag.87
8. Freud Sigmund, la interpretación de los sueños, alianza editorial, Madrid- España, 1966, pag. 108
9. Freud Sigmud (1899- 1900), la interpretación de los sueños, obras completas, tomo II, Editorial biblioteca nueva, madrid- España, 1983. Pag. 702
10. Freud Sigmud (1899- 1900), la interpretación de los sueños, obras completas, tomo II, Editorial biblioteca nueva, madrid- España, 1983. Pag. 417

BIBLIOGRAFIA ADICIONAL

Fage Jean Baptiste, Para comprender a lacan, amorrortu editores, Buenos Aires , 1973
Filloux Jean Claud, El incosciente, oikosTau S.A. – ediciones, Barcelona – España, 1972.
Freud Sigmund (1914) Introducción al narcisismo, en obras completas, volumen XVI, Amorrortu, Buenos aires, 1979.

Gitaroff Gloria, Los sueños, longseller   S.A, Buenos aires – argentina, 2003

Laurent, E (1993), "La identificación: topología y tiempo". En la paradoja de la identificación. EOL. Paidos, Buenos aires, 1999.

Sófocles, Edipo Rey, Electra, Longseller, Buenos Aires – Argentina, 2004.

La Clìnica en niños, perspectivas psicoanalìticas

Introducciòn

¿ Es posible una clínica en niños, que no solo se limite a la psicoeducación de los padres?. Cuando hablamos de psicoeducación, nos referimos a la guía orientativa del padre hacia la consecución de programas conductuales, al dictamen de pautas de conductas, a criterios que enseñen al padre a cómo disciplinar a su hijo, a interactuar con él, a comunicarse, etc.

Sin embargo, a pesar de que tal función es necesaria en algunos casos, sobre todo por el aforismo freudiano que dice: "para el niño los padres son al comienzo, la única autoridad y fuente de toda creencia", también es posible afirmar que este mecanismo de intervención puede ser ineficaz.

Lo cierto es que en el caso de un niño /a, no es él quien demanda una ayuda profesional, sino los padres y partiendo de este punto, toda demanda de atención en el caso de niños/as se entiende como demanda de un circuito familiar (padre, madre, hijo o quienes desempeñen estos roles).

Es en esta misma dirección que se corre el riesgo de caer en los juegos demandantes de los padres, haciendo del niño/a un objeto más de la clínica, reforzando el síntoma.

Al situarse en el lugar ideal de supuesto saber, el psicoterapeuta propondrá una serie de alternativas metodológicas en las cuales los padres serán un instrumento de intervención.

También es posible que uno de los padres o ambos propongan un saber al psicoterapeuta, sobre el síntoma que presenta su hijo y en otros casos se culpabilicen el uno al otro, haciéndose causa del síntoma.

En esta relación con los padres la neutralidad del clínico y el buen manejo de la contra transferencia serán fundamentales para obtener buenos resultados.

Los casos más frecuentes que llegan a consulta, giran en torno a problemas de hiperactividad con o sin déficit atencionales, fobias escolares, trastornos de ansiedad, trastornos del aprendizaje, etc.

Los problemas de bajo rendimiento escolar, junto a la incapacidad de los padres para establecer límites y controles a sus hijos son también frecuentes.

Ante todos estos casos el primer paso de un profesional es identificar características y criterios que permitan hacer un psicodiagnóstico, el cual orientará hacia una forma específica de tratamiento destinado a la cura.

En muchos casos es posible que no se trate de psicopatologías graves ni menos graves, sino de situaciones conflictivas entre los padres como las separaciones, o de estilos disfuncionales de comunicación.

El niño como síntoma de la pareja

En este sentido nos referimos a: ¿qué función ocupa el niño en relación a la pareja que lo engendró?

El niño puede ser síntoma de la pareja en la medida en que es consecuencia de un deseo. Por ejemplo, la adolescente que por salir de la tutela de sus padres u oponerse a sus demandas, se deja embarazar precipitadamente por su novio. En todo caso, el niño es objeto de un deseo materno o de un deseo ambivalente de la madre. Este deseo es el que le va a dar un lugar simbólico (en la cultura), al cual él tendrá que articularse. Él / ella ocupa un lugar en una constelación familiar, que proviene de sus progenitores (abuelos, tíos, primos, etc.) y es en esa constelación que su ser tendrá un sentido.

En el caso de un hijo no deseado, tal condición repercutirá en su vida. En este caso nos referimos al abandono o al rechazo materno, la negligencia por parte de la madre de los cuidados del infante y a la privación de afecto.

Del otro lado, está el deseo materno extremo: será el caso del niño sobreprotegido, sobreatendido; un deseo materno voraz, que mantendrá al niño en el lugar de objeto, dificultando el proceso de subjetivación, es decir, el proceso que le permite al niño crear su propio mundo separado de la madre.

Como vemos, ambos extremos son negativos, pero en última instancia son consecuencias de un deseo inconsciente de la madre y de la forma en que opera la relación triangular padre – madre – hijo.

Por ejemplo, el padre tiene que asimilar ciertas pérdidas frente al hijo, en relación al deseo de la madre; el cariño, la atención y el afecto serán compartidos. A su vez, la madre debe dejar caer a sus hijos de sus brazos para ocuparse de ella como mujer, es decir, saber equilibrar su rol de madre y mujer que funcionan en sentidos opuestos. ¿Cuál es su posición ante el padre y ante el niño?; en muchos casos la madre pone al niño en el lugar del marido, lo cual ya trae consecuencias negativas.

El síntoma de la estructura familiar

Cuando tratamos con niños tenemos que entender al síntoma del niño como síntoma de un complejo de relaciones parentales.

Si es cierto que no descartamos en el caso de la hiperactividad, problema muy frecuente en la consulta, bases neurobiológicas, también es cierto que en nuestra experiencia clínica enfocar la hiperactividad como un síntoma de la estructura familiar ha dado buenos resultados.

La neuropsiquiatría identifica el problema de la hiperactividad como consecuencia de un desequilibrio neurobioquímico, recurriéndose en tal caso a la medicación para reducir los índices de hiperactividad.

Pese a esto hemos encontrado en el caso de niños varones hiperactivos díadas parentales como la siguiente: padre autoritario – castigador; madre sobre protectora.

Cada combinación de estilos de personalidad, comunicación y crianza, en esta relación triangular (padre – madre – hijo), hace posible una interpretación de cómo funciona el síntoma. Así nuestra intervención debe situarse en medio de este triangulo, en el cual incluidos haremos las operaciones necesarias para lograr resultados destinados a una cura.

El dibujo y el juego

Con respecto a la pregunta con la que iniciamos el artículo, el psicoanálisis presenta alternativas de intervención fundamentadas teóricamente, a través de dos herramientas técnicas básicas, las cuales son el dibujo y el juego.

Tanto el dibujo como el juego son trabajos importantes en la vida infantil, y a la vez son herramientas que permiten al psicoterapeuta, que ese mundo subjetivo del niño tan cerrado al entendimiento del adulto, sea interpretable.

A través de ambas herramientas de trabajo es posible una intervención que dirija, sobre todo en el caso de una sicopatología, a la cura.

Se entiende que el dibujo es el equivalente al sueño en el adulto, de él se desprende material inconsciente, información importante sobre el mundo interno del pequeño.

Un dibujo muestra fácilmente lo que el niño se empeña en negar en su discurso , e incluso lo que ignora saber. Es por ello que no importa que un niño apruebe o no una interpretación, sino lo que el niño hace, dibuja o dice a continuación de una intervención.

Interpretar los simbolismos que el niño despliega en el papel, descifrar estos enigmas, hace posible una comunicación con el infante.

En el caso del juego, este es el primer instrumento con que el niño cuenta para enfrentar y metabolizar sus problemas. No es lo mismo que sea agresivo a que pueda poner en juego la agresión velando o enmascarando la misma a través de la ficción. Separar los buenos de los malos, organizar la lucha (que ya no será un cuerpo a cuerpo con el semejante), anticipar un final.

El juego permite realizar sustituciones, por ejemplo de un niño al que golpea, por un muñeco, desarrollar la creatividad y la diferenciación entre lo real y lo imaginario.

A través de su palabra construye su ficción, su juguete, por ejemplo, convertir el palo en espada, la taza en corona, etc.

Para nosotros, es una herramienta técnica y en el acontecer diario entre padres e hijos es una actividad importante.

El complementar ambas técnicas (el juego y dibujo) con el discurso del niño/a durante la sesión, nos permitirá encontrar un sentido al síntoma y por ende orientarnos hacia un proceso de cura.

Bibliografía

Baraldi Clemencia, *Jugar es cosa seria*, Ediciones Homo Sapiens, Rosario, 2001.

Baraldi Clemencia y otros, *Con y sin el padre. Serie psicoanalítica*, Ediciones Homo sapiens, Rosario, 1999.

Giraldi M. Graciela, *El niño en la encrucijada. Acerca del juego y la sexualidad infantil.* Ediciones Homo sapiens, 2004.

Mannoni Maud, *El niño, su enfermedad y los otros*, Ediciones nueva visión, Buenos Aires- Argentina, 1999.

Bibliografía general

Berenzin Ana, La Oscuridad en los ojos, Homosapiens, Argentina, 1998.

Baudelaire Charles, Obras Selectas, Edimat Libros S.A. Madrid, 2000.

Fedida Pierre, Diccionario de Psicoanálisis, librairie larousse, 1974

Freud Sigmund, Tótem y Tabú, AE, Vol. XIII, 1913.

Freud Sigmund, Pulsiones y destinos de pulsión, SE, Vol. XIV, 1915

Freud Sigmund, la interpretación de los sueños, alianza editorial, Madrid- España, 1966.

Freud Sigmund (1899- 1900), La interpretación de los sueños, obras completas, tomo II, Editorial biblioteca nueva, Madrid- España, 1983.

Fage Jean Baptiste, Para comprender a lacan, amorrortu editores, Buenos Aires, 1973

Filloux Jean Claud, El incosciente, oikos Tau S.A. – ediciones, Barcelona – España, 1972.

Freud Sigmund (1914) Introducción al narcisismo, en obras completas, volumen XVI, Amorrortu, Buenos aires, 1979

Freud Sigmund, El malestar en la cultura, Amorrortu editores, tomo XXI.

Freud Sigmund, Moisés y la religión monoteísta (1934-1939), B. Nueva

Freud Sigmund, Puntualizaciones sobre el amor de transferencia, Vol. XII, Amorrortu, Buenos Aires.

Follari Roberto, Epistemología y Sociedad, Homo Sapiens Ediciones, Argentina, (2000). Gitaroff Gloria, Los sueños, Longseller S.A, Buenos aires – argentina, 2003.

Glasan Sara, "Culpa y Ética", Rev. Conjetural, 1995.

Harari Roberto, El Seminario: "La Angustia de Lacan: Una Introducción, Amorrortu editores, Buenos Aires, 1993

Horkheimer Max, A La Búsqueda del Sentido. Ediciones Sígueme, Salamanca-España, 1976. Ibsen Henrik, Un Enemigo del Pueblo. Longseller, Argentina, 2003.

Krajzman Maurice-Moshe, El Lugar del amor en el Psicoanálisis. Ediciones Nueva Visión, Buenos Aires, 1988

Karothy Rolando, El Deseo del Analista, publicado en Freud-Lacan.com, 2002.

Lacan Jacques, Los cuatro conceptos fundamentales del psicoanálisis. Editorial Paidos, 1973.

Le Du Jean, El Cuerpo Hablado. Editorial paidos, edición, 1981

Lacan Jacques (1969-1970), el reverso en psicoanálisis, ediciones paidos, Buenos Aires Barcelona México, 1999

Lacan Jacques (1964), los cuatro conceptos fundamentales del psicoanálisis, Ediciones Paidos, Buenos Aires – Barcelona- México, 1987.

Lacan Jacques, lectura estructuralista de Freud, siglo XXI editores, México, 1971

Lacan Jacques, La Familia, Homo Sapiens, 1964 Lacan Jacques, Escritos, Siglo XXI. Lacan Jacques, Seminario "El envés del psicoanálisis". Ediciones Paidos, 1990 Lacan Jacques, La Ética del Psicoanálisis (1959-1960), Ediciones Paidos, Buenos Aires, 1988.

Lacan Jacques, Seminario: Los Nombres Del Padre, clase única, 1963. . Magan Irene, La Transferencia, Longseller, Buenos Aires, 2004.

Millar Gérard, Presentación de Lacan, Ediciones Manantial, Buenos Aires, Argentina, 1988

Massota Oscar, Ensayos Lacanianos, Editorial Anagrama, Barcelona, 1976.

Richard Mackesey, Eugenio Donato, los lenguajes críticos y la ciencia del hombre. Controversia estructuralista, barral editores, Barcelona, 1972.

Rousseaux Fabiana, Santa Cruz. De la escena pública a la tramitación íntima del duelo en "lo público, lo privado, lo íntimo, consecuencia de la Ley en el sujeto", J. Dobon compilador, Ed. Letra Viva. Rojas Pedro, La Ética del Lenguaje: Habermas -Levinas, Revista de Filosofía, 3 a época, Vol. XIII (2000).

Rabinovich G. Norberto, El Nombre del padre, Editorial Homosapiens, 1998.

Safouan Moustafa, El Estructuralismo en Psicoanálisis, Editorial Losada, Buenos Aires, 1975.

Sade, Los infortunios de la virtud, Edicomunicaciones, 1995

www.ingramcontent.com/pod-product-compliance
Lightning Source LLC
Chambersburg PA
CBHW050402290526
45786CB00003B/1092